ET SI C'ÉTAIT LA FATIGUE MENTALE ?

DE LA MÊME AUTRICE

Histoire personnelle, destinée professionnelle. Enfance, adolescence et carrière professionnelle : les liens invisibles, collection « Chemins de l'harmonie », Dervy, 2016

(Dé)stresse ! Guide du bien-être, Solar, 2014

La Rébellion positive. En famille, en couple, face à sa hiérarchie, Albin Michel, 2012

Crise au travail et souffrance personnelle, Albin Michel, 2010

ISABELLE MÉTÉNIER

ET SI C'ÉTAIT LA FATIGUE MENTALE ?

La reconnaître et savoir agir pour retrouver l'envie de vivre

Robert Laffont

ISBN : 978-2-221-25189-8
Dépôt légal : septembre 2021
Éditions Robert Laffont – 92, avenue de France 75013 Paris

Introduction

Ce qui fatigue le cœur,
c'est le contrecœur,
c'est ce qu'on s'impose de faire
alors que c'est contraire à notre esprit
et à notre mode d'être.

Daniel Sibony, *Un cœur nouveau*[1]

« Je vous appelle parce que je suis constamment fatiguée depuis des mois... j'ai déjà fait un burn-out vous savez... Oui, bien sûr, je fais du yoga, de la méditation, mais rien n'y fait, RIEN, je suis toujours aussi fatiguée. Alors je me suis dit pourquoi pas voir un psy... »

« Je ne dors plus... ils m'ont nommé chef de projet mais je n'en peux plus de ce job absurde... En même temps, je ne sais rien faire d'autre... et je me sens tellement las de tout, si fatigué... avec l'envie de rien. Je rêve d'être licencié... »

« Je suis fatiguée depuis que j'ai eu mon petit dernier... Mon mari ne m'aide pas du tout, il n'est jamais là, toujours en déplacement ou en réunion... je ne sais

1. Daniel Sibony, *Un cœur nouveau*, Odile Jacob, 2019.

pas si je vais pouvoir tenir longtemps comme ça, et pourtant, je n'ai pas trente ans… »

« Ils m'ont découvert une sclérose en plaques lors d'une visite médicale de routine… je suis anéanti… et je comprends mieux ma fatigue à présent. »

De plus en plus de personnes se plaignent de fatigue. Utilisé à tout va, ce mot est comme un fourre-tout pour exprimer l'indicible. Que recouvre-t-il exactement ? Chacun semble avoir sa propre acception du terme, qui varie selon les époques, les événements, les mœurs, son vécu ou sa personnalité.

Aujourd'hui, un grand nombre de pathologies relèvent de cette fatigue, plus psychique que physique, et la tendance est à la multiplication des dénominations, et des syndromes, comme le syndrome de fatigue chronique ou SFC, la fatigue (ou usure) d'empathie, la charge mentale, plus récemment la charge morale ou la toute nouvelle « fatigue pandémique » liée au Covid-19.

Il est en revanche un constat sur lequel tout le monde s'accorde, c'est que la société actuelle induit de la fatigue, et ce, de plus en plus. Avec l'accélération du temps engendrée par les nouvelles formes d'organisation du travail, les impératifs de rentabilité ou la tyrannie d'Internet et de ses trop nombreux échanges virtuels appelant des réponses de plus en plus rapides, nos modes de vie sont devenus millimétrés, morcelés en une foule de mini-actions d'apparence « essentielles ». Nos cerveaux sont comme métamorphosés en éponges numérisées, et la vitesse de développement des outils numériques rend difficile une réflexion éducative digne de ce nom. Entraînés par une frénésie nouvelle et – avouons-le – enivrante, nous prenons conscience de ses aspects délétères mais peinons à ralentir cette fuite en avant, tant elle excite nos neurones.

La fatigue mentale en est la résultante ; elle nous mine, nous attaque de toutes parts, sans que nous en ayons réellement conscience, faisant naître culpabilité et honte : ne devrions-nous pas être toujours en forme, parfaitement opérationnels, comme le désire la société de consommation, celle du « toujours plus » ? Comment comprendre ce manque d'entrain que nous vivons souvent comme une faiblesse, voire une paresse, contre lesquelles nous n'arrivons pas à lutter ?

L'objectif de ce livre est de démonter les mécanismes qui sont à l'œuvre dans cette fatigue mentale pour la reconnaître, puis de proposer des techniques et pistes de réflexion pour retrouver tout à la fois notre vivacité et sérénité mentales dans une approche holistique incluant la médecine, la biologie, la psychologie, la philosophie, la spiritualité, l'activité physique, l'alimentation et l'écologie.

Par exemple, savez-vous que nos intestins, en interaction constante avec notre cerveau, peuvent, ainsi que le montrent les nouvelles recherches en neurosciences, être à l'origine de la fatigue mentale ? que la génétique n'explique pas tout ? que la marche rapide est un puissant antidépresseur ? que nos croyances peuvent avoir un impact direct sur notre corps et notre épuisement ? que nos traumatismes jouent un rôle en sourdine, continuant de nous détruire, de miner notre vitalité et donc notre bonheur ? que nous pouvons, en changeant notre rapport au temps, redistribuer notre énergie et imaginer d'autres façons de vivre ? que les problèmes écologiques affectent notre entrain au quotidien ? que reconnaître sa vulnérabilité est une porte vers plus de joie et de dynamisme ? que voir le verre à moitié plein est autre chose que de positiver à tout va et se mentir à soi-même ?

La douleur morale n'est pas forcément à museler par un traitement médicamenteux : certaines difficultés de vie sont à traverser, et non à occulter, ignorer ou minimiser. L'épuisement mental est souvent le résultat d'une lutte sourde au plus profond de nous pour faire taire ce qui a besoin d'être entendu. Rééduquer nos façons de penser, d'enseigner, d'accompagner et, parfois, réapprendre à vivre, à rire, sont autant de médicaments qui ne coûtent rien à la Sécurité sociale et qui peuvent être (ré)appris, cultivés, transmis. Notre joie de vivre n'est pas à sacrifier sur l'autel de l'aisance matérielle. En outre, nous pouvons apprendre à faire confiance à notre corps, son langage peut nous guider vers des perspectives nouvelles, une vision plus large et – peut-être – plus sage de la vie. Ra-len-tir : dans une société impatiente comme la nôtre, cela signifie cultiver de nouvelles forces et vertus mentales. Et pour cela, s'élever au-dessus de la mêlée, « réapprendre à traverser ce temps, si précieux, de notre vie.[1] »

J'aimerais que ce livre soit une invitation à nous regarder autrement, à vivre autrement, et ce faisant, à augmenter notre vitalité. Pour cela, acceptons de ne

1. « La journée d'été », Mary Oliver, in *House of Light*, Beacon Press, Boston, 1990.

plus être toujours le « bon élève », osons désapprendre, nous remettre en question, traverser ce qui nous fait peur (l'insécurité, l'inconnu), nous aimer (un peu plus), soigner nos blessures intimes, respecter davantage le vivant et nous lancer dans de nouvelles expériences… C'est lorsque nous serons plus authentiques, plus vrais avec nous-mêmes que nous serons moins fatigués mentalement. Sachant que s'apaiser est une quête, un chemin, pas forcément un but.

Car cette fatigue mentale naît, au final, de ce qui n'est pas juste, de ce qui nous contraint, nous déplace, nous corrompt en quelque sorte.

La médecine a introduit récemment la méditation de pleine conscience pour diminuer le stress, elle évite bien des rechutes dépressives. Mais, pour cela, il est essentiel de se prendre en main, se dire que notre santé mentale est aussi notre propre affaire, en observant d'abord ce qui s'est passé en amont de cette lassitude, ce qui l'a précédée. La fatigue mentale est loin d'être une fatalité. Notre équilibre se nourrit de liens aux autres, d'amour, d'amitié, de visages souriants et de prévenance, ce sont même nos premiers besoins, qui, s'ils ne sont pas nourris, peuvent conduire à la perte de l'envie de vivre, de s'alimenter, d'aimer… car ce qui donne du sens à nos vies, à nos vitalités respectives, est bel et bien, et indiscutablement, ces liens.

Ceux-ci peuvent être revus, revisités à tous les niveaux : dans nos foyers bien sûr, mais également au travail, entre professionnels, entre soignants et patients, entre enfants, entre ces derniers et leurs parents, leurs éducateurs, entre patrons et employés, salariés et libéraux…

Au final, c'est tout un projet de société à réfléchir et à bâtir, à la lumière nouvelle de la tolérance, de l'émerveillement induit par un nouveau regard sur la nature, dont nous faisons partie et provenons, pour nous diriger vers un monde plus serein, où le lien et le respect seraient à la fois nos raisons de vivre et nos guides.

PREMIÈRE PARTIE

Qu'est-ce que la fatigue mentale ? D'où vient-elle ? Quelles sont ses causes et ses conséquences ?

Le monde danse autour d'elle ;
il joue sa chanson et elle, ne joue plus, ne danse plus.
Elle se sent derrière une vitre, à chercher ses gestes,
à chercher ses pas, à se demander si un jour
elle vivra à nouveau[1].

Gaëlle Josse

1. Gaëlle Josse, *Ce matin-là*, Noir sur Blanc, 2021.

La fatigue, tout le monde sait ce que c'est. Ou presque. Nous l'avons tous éprouvée un jour ou l'autre. Si ce n'est pas le cas, alors on pourrait parler de déni sans se tromper, assurément.

La fatigue, nous dit le Larousse, est un « état physiologique consécutif à un effort prolongé, à un travail physique ou intellectuel intense et se traduisant par une difficulté à continuer cet effort ou ce travail ».

Dans son récent essai sur la fatigue[1], l'historien Georges Vigarello, spécialiste de l'hygiène et de la santé, nous rappelle que la perception de la fatigue varie d'une époque à une autre. Et que de ces variations découle une série de représentations concernant le corps, la médecine, l'organisation du travail, l'école, etc.

Il n'y a encore pas si longtemps – moins d'un siècle – lorsqu'une personne disait qu'elle était fatiguée, c'est qu'il était temps de s'inquiéter sérieusement pour son état de santé. Chez les paysans, la fatigue physique était palpable et très concrète : il suffisait de regarder leurs champs (à labourer), leurs légumes (à récolter), leurs animaux (à traire, à nourrir) pour imaginer sans effort l'ampleur de leur tâche quotidienne, sans repos et sans perspective

1. Georges Vigarello, *Histoire de la fatigue. Du Moyen-Âge à nos jours*, Seuil, 2020.

d'un « ailleurs » (la promesse, par exemple, que ce labeur s'arrêterait à la retraite). Dans un contexte plus urbain et/ ou industriel, on pourrait quasiment dire la même chose des ouvriers à la chaîne, qui travaillaient sans relâche, dans un contexte souvent bruyant et quasiment sans pause. Cette fatigue physique intense concernait surtout les classes populaires dites « laborieuses », les bourgeois en étant le plus souvent épargnés. Lors de consultations, de stages que j'anime ou de conversations informelles, j'entends souvent les gens faire référence à cette époque en comparaison de ce que nous vivons actuellement : « Nos grands-parents, au moins, avaient de quoi être fatigués ! » ou bien « Ma grand-mère se levait tous les matins à 5 heures pour nourrir ses bêtes avant de préparer le petit déjeuner pour ses cinq enfants, qu'elle élevait seule, et pourtant elle tenait le coup ! » Traduction : « Avant, on avait de vraies raisons d'être fatigués. »

Bien.

Ils oublient de préciser qu'à l'époque on mourait « jeune » : soixante-dix ans était déjà un grand âge ; en 1900, l'âge de décès moyen était de quarante-cinq ans[1]. Alors, si « être fatigué pour de vraies raisons » est assimilable seulement à cette période où la mort venait nous chercher plus tôt, quel est l'intérêt d'invoquer cette époque ? N'a-t-on pas le droit de se plaindre aujourd'hui de fatigue ? Est-ce devenu indécent, au regard de nos ancêtres laborieux ? À notre époque, nous ne semblons plus fatigués pour les mêmes raisons que nos grands-parents, ni de la même façon. Il est vain de se comparer,

1. Source Ined.

de s'en affliger et surtout de minimiser le sens de la fatigue d'aujourd'hui : se poser, réfléchir et tenter d'en saisir le sens est un chemin plus pertinent. Car, c'est un fait : cette fatigue existe bel et bien, et elle est tout aussi intense.

Comme le souligne Vigarello, la fatigue, à l'heure actuelle, glisse de plus en plus vers un pan psychologique. Il parle de « fatigues plus lourdes » et plus sourdes.

Nous pouvons ici recenser quelques « nouvelles » fatigues et syndromes. Intolérance à la contradiction, perte du sens des réalités, obsession de sa propre image, abus de pouvoir sont ainsi quelques-unes des manifestations du syndrome d'hubris (*hubris*, ou *hybris*, vient de *húbris*, qui signifie, en grec ancien, « démesure »), surnommé encore « maladie du pouvoir », qui touche les personnes occupant des postes à responsabilités. Il fatigue peut-être celui qui en souffre, mais surtout ceux qui dépendent de ce dernier et le côtoient. On peut également citer le syndrome FOMO, Fear Of Missing Out (peur de rater quelque chose), présent surtout chez les jeunes, entraînant des comportements obsessionnels qui envahissent le champ mental comme une consultation compulsive de son portable. La fatigue chronique a elle aussi « son » syndrome. On cite également la « fatigue pandémique », à la suite du Covid-19, la « fatigue d'empathie » visible en premier chez les « aidants », qu'ils soient ou non des professionnels… Et ce ne sont que quelques exemples de la longue liste des nouvelles fragilités psychiques.

Comment définir cette fatigue mentale ? Tout comme la fatigue physique, c'est une usure des capacités d'adaptation. Après une surexposition et une surexploitation de nos capacités mentales à des stimuli divers mais en pression constante, sans repos ni silence, nos capacités d'attention se restreignent jusqu'à l'impossibilité de pouvoir penser, ressentir et réagir de façon appropriée. Le sommeil est rendu difficile, le corps finit par en être affecté, et la fatigue est généralisée.

La fatigue mentale, tout comme la fatigue physique, n'est pas qu'un état, c'est aussi un symptôme. C'est de cela qu'il faut se préoccuper. Dans l'imaginaire collectif, ces signes précèdent généralement la mort : somnolence, ralentissement psychomoteur, manque d'envie de parler ou d'interagir, perte d'appétit... Le prolongement de cet état nous ramène à notre fin, et c'est pourquoi de tels symptômes, alors que quelques semaines auparavant nous étions pleins d'énergie, nous inquiètent.

Aujourd'hui, notre espérance de vie a considérablement augmenté. Si nous n'utilisons pas ce surcroît d'existence pour mieux gérer notre ratio activité/repos, est-ce vraiment un gain intéressant ? Nous sommes non seulement de plus en plus fatigués – et, même plus, épuisés –, mais surtout, inconscients ou impuissants face à cet état. Que nous arrive-t-il ?

Une autre question se pose : éradiquer la fatigue, est-ce souhaitable ? Est-ce possible, tant celle-ci semble désormais faire partie de notre existence, qu'elle soit déjà installée ou en veille ? Et ne faudrait-il pas plutôt, comme le souligne le philosophe Éric Fiat[1], trouver les bonnes façons d'être fatigué ?

---

1. Éric Fiat est philosophe, professeur d'éthique médicale à l'université Paris-Est Marne-la-Vallée et auteur d'*Ode à la fatigue*, L'Observatoire, 2018.

1

La fatigue mentale : un symptôme… mais de quoi ?

Dans un de mes livres précédents[1], j'ai parlé du Dr Hans Selye (1907-1982), médecin canadien d'origine autrichienne. À l'origine de la description du SGA (syndrome général d'adaptation, qu'il a décrit en 1956 dans son livre *Le Stress de la vie*), Selye a posé une question fondamentale : pourquoi nous intéresser d'abord à la maladie, et non en premier lieu au simple fait d'être malade ? Notre système immunitaire étant une formidable machine, ce pionnier des études sur le stress s'est d'abord penché sur ce qui pouvait déclencher la maladie. Cette approche peut s'appliquer à la fatigue. Pourquoi sommes-nous fatigués ? Telle peut être la première question.

1. Isabelle Méténier, *(Dé)stresse !*, Solar, 2014.

La fatigue : une usure des capacités d'adaptation

Nous sommes en permanence en train de nous adapter, cela est l'essence même de la vie, et le lot de tout être vivant : s'adapter au chaud, au froid, à la faim, à la soif, à la maladie, à la disparition de nos proches et, de manière plus anecdotique, à la vieille tante tyrannique à qui il faut rendre visite à Noël sinon cela crée un scandale dans la famille, à ce patron indifférent qui ne reconnaît pas notre travail, à la boulangère acariâtre mais que la proximité de son commerce rend incontournable, aux sautes d'humeur de notre conjoint qui traverse une période difficile… Constamment, nous sommes sollicités et mis à l'épreuve.

Cet équilibre n'est pas aisé à trouver, il est même de plus en plus difficile à atteindre, tant notre société a évolué en peu de temps, et continue de le faire d'une façon rapide, exponentielle : l'accélération des rythmes (de travail, des transports, des rendements…) et les exigences de production (dans l'entreprise, à l'école…), sans compter la tyrannie des réseaux sociaux en matière d'instantanéité, de réactivité, d'image, font que nous sommes sollicités en permanence, que nous le voulions ou non. Notre organisme ne tient plus, à force de s'adapter, et la fatigue s'installe, telle une intruse, s'invitant de manière incontrôlable comme l'eau s'infiltrant dans le sable, le rendant collant, grumeleux, lui qui, d'ordinaire, nous éblouit par sa fluidité.

Que disait Selye sur l'adaptation ? Le SGA décrit trois phases :

1 – La phase d'alarme

Il « se passe quelque chose » et notre organisme, après le « choc » du stresseur (bon ou mauvais d'ailleurs), réagit pour s'adapter.

Par exemple, vous faites 10 kilomètres pour aller chercher de l'essence à la station-service pour éviter de vous lever tôt le lendemain, et celle-ci est « exceptionnellement » fermée. Vous êtes dépité et observez, incrédule et en colère, le panneau « Fermeture exceptionnelle » plusieurs fois.

L'organisme produit alors des hormones destinées à aider notre corps à s'adapter à la nouvelle situation. Cette production peut être accompagnée d'émotions émergentes (agacement, peur de ne pas y arriver, de déraper, de rater...) qui donnent une orientation à l'action à venir.

En tout cas, à ce stade, vous êtes sous le choc. Et vous produisez de l'adrénaline, hormone du stress, la préférée de notre système sympathique (celui qui nous mobilise pour agir), sécrétée à partir de vos glandes surrénales et qui vous aide à faire face.

2 – La phase de résistance

La situation perdure, votre organisme est (plus ou moins) lourdement sollicité pour faire face aux stresseurs, et continue à s'adapter.

L'adrénaline fait ensuite place au cortisol, hormone qui permet une régulation en continu de l'organisme pour un temps plus long (l'adrénaline étant prévue pour un stress de courte durée), et rend possible la réponse au stress.

Vous avez enfin intégré l'information. La station-service est fermée. Vous risquez même maintenant d'avoir trop peu d'essence pour rentrer chez vous, je vous laisse imaginer la suite… Votre organisme a changé de chimie entre le moment où vous êtes arrivé, plein d'espoir et confiant, avec en perspective une douce soirée tranquille avec le plein d'essence fait, et celui où vous devez reprendre la route dans une complète incertitude quant à la résolution de votre problème, qui vous aura aussi fait perdre un temps considérable.

3 – La phase d'épuisement

Le retour au calme se fait : votre organisme s'apaise, la respiration se calme, votre système nerveux se régule. Mais, si c'est impossible, le stress continue et l'organisme finit par s'épuiser, car le rapport « ressources/énergie dépensée » n'est plus équilibré correctement. Vous continuez à secréter du cortisol et, dans la durée, cette hormone devient un véritable poison pour le corps.

Votre problème d'essence n'est que le premier d'une longue série de pannes « imprévisibles » qui minent vos capacités d'adaptation, faisant place à une inquiétude constante, à une méfiance quotidienne, à un serrement de cœur chaque fois que vous rentrez chez vous… Votre organisme s'épuise émotionnellement, psychologiquement, physiquement. Cet état d'épuisement précède généralement – mais pas toujours – un état dépressif :

à force d'accumuler les problèmes, vous anticipez tout négativement, et broyez de plus en plus d'idées noires, à propos de tout. Vous voilà fatigué en raison de l'usure de vos capacités d'adaptation.

> Rappelez-vous un événement récent où vous vous êtes aperçu d'une réaction disproportionnée par rapport à l'événement lui-même. Avez-vous agi comme vous l'auriez aimé dans l'idéal, ou bien vous êtes-vous adapté ? Comment auriez-vous aimé réagir ? Qu'est-ce que cette situation vient vous montrer de ce qui vous pèse, vous fatigue ?

Lorsque l'organisme peut réguler la réponse au stress, nous récupérons et nous repartons, selon un principe naturel.

C'est souvent ce qui se passe lorsque notre fatigue est dite « bonne » : une jolie balade en bord de mer, des ébats amoureux passionnés toute une nuit, un effort des heures durant pour réparer une vieille toiture ou couler une dalle en béton, des préparatifs festifs puis une cérémonie réussie… tout cela, en général, nous amène à ressentir une fatigue « bien méritée », et c'est naturellement que nous nous dirigeons vers notre lit pour dormir, comme on dit, du « sommeil du juste », pour un repos réparateur. Ainsi, l'effort comme plaisir et loisir (celui des randonnées, de l'alpinisme, et de nombre de sports et loisirs contemporains), qui n'existait pas dans les temps anciens et chez les travailleurs, produit des émotions agréables : joie, contentement et détente. La

« bonne fatigue », ressentie au repos, est ainsi liée à la satisfaction d'avoir accompli quelque chose d'ardu. Cela est un élément clé pour « une vie heureuse », comme nous l'enseigne la psychologie positive, que nous développerons dans la seconde partie.

> Quelle est la dernière fois où vous avez ressenti une « bonne fatigue » ? Dans quelles circonstances était-ce ? Après quelle(s) activité(s) ? Vous sentez-vous capable de reproduire ces conditions ? Sinon, de quoi avez-vous besoin pour pouvoir le programmer, le mettre en place, oser le réaliser ?

Lorsque la fatigue n'est pas « bonne », lorsqu'elle n'est pas « valable » ou est impossible à stopper, alors, tout se passe comme si le repos n'était pas « juste » : nous n'avons pas fini notre tâche. Et, lorsque, vaincus, nous nous endormons, il y a de fortes chances pour que nous nous réveillions fatigués le lendemain. Et là, souvent, nos pensées deviennent sombres, la tristesse et son cortège mélancolique d'émotions désagréables s'emparent de nous.

Depuis Selye nous savons que, pour chaque situation stressante, il y a un ensemble d'éléments communs qui provoque la sécrétion d'hormones de stress. Les chercheurs ont pu ainsi définir la « recette du stress[1] ». Et plus ces éléments constitutifs, qui s'additionnent, sont nombreux, plus le stress est intense.

1. Selon le Centre d'études sur le stress humain (CESH), Québec.

Menace	**Sentiment**
Contrôle faible	Vous sentez que vous n'avez aucun ou très peu de contrôle sur la situation (*vous avez un rendez-vous important et vous tombez dans un embouteillage qui vous ralentit considérablement : vous serez en retard*).
Imprévisibilité	Quelque chose de complètement inattendu se produit ou encore vous ne pouvez pas anticiper ce qui va se passer (*on vous annonce que votre maison a été détruite par un incendie pendant que vous étiez au travail*)..
Nouveauté	Quelque chose de nouveau que vous n'avez jamais expérimenté se produit (*vous devez apprendre une nouvelle méthode de travail en utilisant le nouveau logiciel que toute l'entreprise va désormais utiliser*).
Ego[1] menacé	Vos compétences et votre ego sont mis à l'épreuve. On doute de vos capacités (*un enseignant vous demande combien de temps vous passez chaque jour à aider votre enfant à faire ses devoirs*).

Notre système de réponse au stress dépend de plusieurs facteurs, qui sont les expériences dans l'enfance, la personnalité, l'environnement et le niveau de santé.

1. L'ego est la représentation et la conscience que l'on a de soi. C'est le « sens de moi » qui se construit dans la petite enfance, grâce au reflet et à l'interaction qu'a le petit humain avec ceux qui s'occupent de lui, et lui donnent le sens de sa place et de son importance.

La génétique entrerait également en compte. La façon dont les adultes de notre entourage réagissaient aux événements lorsque nous étions sous leur responsabilité, comme nos notes à l'école ou nos « bêtises » plus ou moins importantes, mais également leur attitude face aux mauvaises nouvelles à la télévision, la façon dont ils faisaient face à l'adversité (mort, maladie...) ont façonné l'étendue de nos possibilités de réactions. Notre éducation, bienveillante ou violente, traumatisante ou calme, nous a modelés, que nous en ayons conscience ou non, et a un impact considérable sur notre manière d'appréhender l'imprévu, dans toute sa gamme de stress.

De même, la représentation que nous nous faisons du stresseur en question[1] est un facteur important : Julie peut être contrariée d'avoir été choisie pour manager la nouvelle équipe, alors que Carole s'en réjouit. Guillaume peut être ravi de ce projet collectif, alors que Aaron n'y voit que contrainte et atteinte à son autonomie d'action. En fait, la liberté individuelle qu'est le droit de choisir notre direction de vie, celui de l'orientation que nous voulons lui donner, est (paradoxalement) au cœur de cette fatigue qui s'apparente davantage à la lassitude, variante de la dépression.

Aujourd'hui, grâce aux neurosciences, nous connaissons mieux le fonctionnement de notre cerveau, en particulier du cortex préfrontal, impliqué notamment dans la concentration, le travail intellectuel et la prise de recul.

1. Cf. Isabelle Méténier, *(Dé)stresse !*, *op. cit.*

Le cortex nous permet aussi de nous adapter à de nouveaux environnements et de rester concentré. Cette zone du cerveau est fort gourmande en énergie, et en cas d'activité neuronale prolongée, la fatigue mentale fait son apparition. Si nous continuons malgré tout notre activité cérébrale, le fonctionnement de cette zone devient déficient au bout d'un moment : nous devenons incapables d'autre chose que d'actions stéréotypées (entendez non créatives) et à court terme. Autrement dit, en cas de fatigue, nos capacités à prendre du recul, à comprendre et à faire des liens entre des informations normalement sélectionnées pour pouvoir prendre des décisions judicieuses ne sont plus efficaces, voire réduites à néant. Résultat : nous ramons, nous faisons des efforts sans résultat jusqu'au bug final, où nous ne comprenons plus rien.

Cela nous amène au sens de la vie, à cette quête de sens, corollaire de notre humanité, et nous fait réfléchir à nos actes : que voulons-nous, pour nous, pour notre « unique, sauvage et précieuse vie[1] » ?

La fatigue, une question existentielle

« Une lourdeur. Une pesanteur. L'impression que mon corps n'est plus ce soir le serviteur zélé et rapide de mes désirs et volontés, mais qu'il récalcitre, comme

1. En référence au poème « La journée d'été » de Mary Oliver, poétesse américaine née en 1935.

dit Cyrano. Non par mauvaise volonté mais par inertie. [...] Lui donc qui était prévenant, toujours partant, se portant si bien qu'il me portait, m'est ce soir comme "à charge". Comme s'il fallait que je le traîne [...] Et voici que mon âme commence elle-même de se sentir lourde, engluée. Elle ne peut se détacher, se dégager[1]. » À travers le personnage d'Edmond Rostand, Éric Fiat établit la distinction entre fatigue structurelle et conjoncturelle.

La première est fondamentalement liée à notre inquiétude ontologique, à notre condition humaine et, partant à notre métier fondamental d'exister. Avec l'âge et le temps, la fatigue nous empêcherait de changer, d'épouser le mouvement constant : il devient alors difficile de comprendre ce que nous faisons dans ce monde, et la responsabilité que nous y avons. C'est à ce moment-là que la fatigue structurelle s'installe, « nous privant de ce pouvoir métamorphique[2] » que l'on possède dans l'enfance. Et, contrairement à la fatigue conjoncturelle, pas d'espoir d'accéder à cette transformation réparatrice.

Je me souviens, adolescente, des propos que m'avait rapportés ma meilleure amie de l'époque, à propos de sa grand-mère qui avait alors quatre-vingts ans. Elle l'avait interrogée sur son envie de vivre. « Grand-mère, qu'est-ce que ça fait d'être vieille ? » Elle lui aurait répondu : « Oh tu sais, à mon âge, on est fatigué de vivre. »

Je m'en souviens parce que j'avais quinze ans, et j'avais été fort choquée de cette réponse. Comment

1. Eric Fiat, *op. cit.*
2. *Ibid.* p. 145.

pouvait-on être « fatigué de vivre » ? Je me suis alors promis d'œuvrer pour que cela ne m'arrive jamais. Je venais, à mon insu, de me faire la promesse d'un chemin à suivre, d'un choix assuré, d'une philosophie de vie.

La fatigue ramènerait donc au figement, à l'immobilisme, et à la mort. À travers les paroles de cette grand-mère apparaît ainsi clairement le sens de la dépression qui touche souvent les personnes âgées.

Car déprimer est très fatigant (et la fatigue déprime aussi) à tel point que certains dépressifs ont même du mal à sortir de leur lit, tant leur fatigue est intense.

Il serait donc fatigant de vivre, surtout à long terme et, pour reprendre le titre d'un ouvrage d'un psychosociologue français célèbre, Max Pagès, paru en 1996, « le travail d'exister » est une tâche ardue, tous les jours. Pour vivre, il faudrait donc le vouloir. Ce qui nous amène à questionner la notion de « vouloir-vivre ».

Selon Marie de Hennezel, psychologue et auteure de nombreux ouvrages sur la fin de vie, la peur de la mort empêche de vivre. Qu'est-ce que le « vouloir-vivre » ? Il n'y a certes pas que la peur de la mort qui empêche de vivre. C'est une des réflexions que je me suis faite pendant les confinements que nous avons vécus : à trente ans, on peut être empêché de vivre sans avoir peur de la mort, et bien des jeunes l'ont ressenti. À combien de dépressions, de faillites ont conduit ces restrictions ? À vouloir éviter une mort hypothétique, nous créons d'autres fléaux.

Viktor Frankl[1] (1905-1997), psychiatre, neurologue et écrivain, rescapé des camps de concentration, a créé la logothérapie, qui se fonde sur le sens que revêt la vie pour la personne, ainsi que sa dimension spirituelle. Cette thérapie est issue des observations qu'il a effectuées lors de ses trois années de captivité, notamment à Auschwitz. Pour lui, ce dont l'humain a besoin, est moins de vivre sans tension que de se sentir appelé à accomplir quelque chose, le vide existentiel se manifestant surtout par un état d'ennui et de désœuvrement.

Si, comme le souligne Éric Fiat, la fatigue conjoncturelle est devenue inhérente à nos modes de vie actuels, le parcours hors norme et douloureux de ce psychiatre peut nous inspirer pour diminuer la fatigue et nous aider à trouver une voie qui nous appelle.

Ainsi, on pourrait dire que trop de sécurité nous enferme dans une tiédeur moribonde, où le « spleen » et ses dérives (dépression, découragement, renoncement, manque d'entrain...) nous ôtent toute volonté ou tout désir d'action. À l'inverse, trop de risque génère une insécurité qui peut nous submerger d'angoisse, dont la violence et l'anarchie du « chacun pour soi » sont quelques-unes des manifestations. Entre ces deux extrêmes, nous tentons d'exister.

---

1. Viktor Frankl, *Découvrir un sens à sa vie*, L'Homme, 2006 (1re édition, 1959).

2

Mental agité, troubles attentionnels, héritages transgénérationnels : des fatigues croisées

Les psychiatres étudiant le monologue du mental nomment « pilotage automatique » le fait de ne pas être aux commandes de sa pensée, qu'on laisse alors vagabonder sans en avoir conscience. Nous pouvons faire la cuisine tout en pensant à rappeler le plombier ou, dans les cas les plus extrêmes, retrouver nos clés de voiture dans le frigo, descendre à la mauvaise station de métro ou prendre le chemin du travail au lieu de celui du yoga. Lors de l'apprentissage de la méditation, on peut observer ce « vagabondage du mental » : alors qu'on est censé se centrer sur sa respiration, notre attention est captée par des pensées éparses, allant de « Qu'est-ce que je vais préparer pour le dîner de ce soir ? » à « Demain je vais enfin lui dire ce que je pense ! », en passant par « Il faut absolument que je poste la lettre pour les impôts ». Tout se passe comme si notre esprit se mettait à « blablater » tout seul sans que nous en ayons conscience, générant, à notre insu, des habitudes (« sillons ») de pensées auxquelles nous réagissons toujours de la même façon, que ce soit émotionnellement (culpabilité, honte, ennui...) et physiologiquement (resserrement de l'estomac, accélération du rythme cardiaque, souffle court…).

Notons que le trajet peut se faire aussi dans un autre sens : du corps (mon estomac se serre), à l'émotion (inquiétude), jusqu'à l'esprit (« Mais que se passe-t-il en moi ? »).

Selon la manière dont nous avons appris à penser, ressentir, interpréter ce qui nous arrive, nous nous engouffrerons dans une ornière et nous ressassons.

Nos habitudes mentales et émotionnelles jouent donc un rôle crucial dans notre état de fatigue.

Les émotions apprises

Celles-ci commencent dans notre milieu familial, dès nos premières années. Lorsqu'un enfant est peu investi par ses parents parce qu'ils sont toujours occupés et rarement présents pour l'écouter, il trouve refuge dans une bulle personnelle à laquelle personne n'aura accès, enfermant petit à petit ses émotions dans une gangue.

Par ailleurs, notre entourage, en cas de coup dur, réagit selon ses propres codes, hérités et reproduits parfois depuis plusieurs générations.

Éric Berne (1910-1970), psychiatre canado-américain et fondateur de l'analyse transactionnelle, parle du « syndrome de la roulette des sentiments » : « Imaginons un lotissement de trente-six maisons construites en cercle autour d'un terre-plein. Supposons qu'un bébé attende de naître quelque part. Le Grand Ordinateur préposé à ces affaires-là fait tourner la roulette, et la boule s'arrête sur le 17. Le Grand Ordinateur annonce donc : “Bébé suivant, maison 17.” Il actionne encore cinq fois la roulette et fait sortir les numéros 23, 11, 26, 35 et 31 ; les cinq bébés suivants iront dans les maisons portant ces numéros. Dix ans plus tard, chacun de ces enfants a appris ce qu’on attend de lui comme réaction. Celui de la maison 17 a appris : “Quand ça va mal, dans cette famille, on se met en colère.” Celui de la maison 23 a appris : “Quand ça va mal, dans cette famille, on se sent mortifié.” Les bébés du 11, du 26 et du 35 ont appris que leurs familles respectives se sentent coupables, affolées ou inadaptées dès que les choses vont mal[1]. »

Chaque enfant devenu adulte se conformera, dans ses réactions émotionnelles, à ce qui lui a été inculqué. Cet apprentissage émotionnel est aussi vécu comme un signe de reconnaissance et d’appartenance à sa tribu familiale, générant loyauté, voire fixité, dans ces schémas. Tout en restant attaché à ces derniers, il pourra en souffrir par ailleurs et s’en servir tout au long de sa vie pour brandir la justification d’une dépression ou de ses insuccès, tout comme l’inverse.

Les croyances que nous héritons de notre milieu familial nous suivent et conditionnent nos comportements parfois pendant des générations. Se mettre en colère est, par exemple, une manière d’affirmer sa virilité ou sa place en général pour certains hommes, pleurer est l’apanage des faibles, ne rien dire et serrer les dents

---

1. Éric Berne, *Que dites-vous après avoir dit bonjour ?*, Tchou, 1972, p. 122.

est signe de solidité et de force, se taire et bien tenir sa maison est l'apanage de la femme, même si elle est abusée par son mari tous les soirs, etc.

Même chose pour nos habitudes émotionnelles, elles aussi acquises. Dans certaines familles, on apprend à pleurer lorsqu'on est en colère, à rire lorsqu'on est triste, à culpabiliser lorsqu'on est joyeux, etc.

Le déni des émotions dans nos sociétés occidentales, très cartésiennes, le peu de temps et de cas accordé à l'éducation émotionnelle des enfants, en famille ou à l'école, contribue à privilégier la pensée noétique, la raison et la rationalisation, cette dernière étant aussi un mécanisme de défense psychique. Par exemple, si Lucie quitte Arthur parce qu'elle ne le trouve pas assez drôle, cela peut blesser le jeune homme, qui va rationaliser en expliquant (à lui-même d'abord, à ses amis ensuite) que ses blagues sont trop sophistiquées pour Lucie, qui est trop « basique », ou bien qu'il a horreur qu'on attende quelque chose de lui et c'est pour cela qu'il ne plaisantait jamais avec Lucie, etc. En d'autres termes : il va se justifier à l'aide d'arguments rationnels et d'un raisonnement construit, fabriquant un discours crédible à ses yeux et à ceux des autres, afin de garder la face et se sortir de la situation sans trop de honte, tout en contrôlant la déstabilisation causée par les remarques de Lucie qui touchent de plein fouet ses failles personnelles. Ce mécanisme, bien qu'il s'exprime de façon claire, est totalement inconscient pour la personne qui l'utilise, comme tout mécanisme de défense. Et si Arthur en parle à Lucie, s'ensuivront des heures de discussion sans fin… ni grand intérêt, puisque ces échanges n'ont d'autres buts que de ne pas affronter la vérité (pour Arthur) et de convaincre de sa vision du monde (pour Lucie).

Les dialogues de sourds sont souvent des tentatives de se comprendre par le seul biais de la raison, et on se prend la tête, alors qu'en arrière-plan ce sont les émotions et les besoins qui se jouent et qu'il faut interroger.

Repensez à la dernière fois que vous vous êtes disputé (fort) avec quelqu'un. Avec le recul, cela en valait-il la peine ? Qu'avez-vous obtenu ? Pouvez-vous analyser les raisons de cette dispute ? Comment auriez-vous pu agir d'une autre manière qui vous aurait fait perdre moins d'énergie et apporté tout autant de satisfaction ?

Qu'attendez-vous de vos interactions ? Comment souhaitez-vous qu'elles se déroulent ? Pouvez-vous identifier ce que vous avez à modifier ? Quel premier petit pas pourriez-vous déjà réaliser ?

La fatigue de ne pas être soi-même

Ce travestissement des émotions fatigue car il demande, même si c'est à notre insu, de forcer notre nature profonde en se suradaptant. Cette pression inconsciente nous fait parfois traverser la vie tel un personnage fantomatique prenant le visage qu'on lui a demandé de prendre, et qui n'est jamais lui-même : le gentil garçon ou la gentille fille, le rigolo ou la rigolote, le sérieux ou la sérieuse, etc.

Fatigue et mauvaise gestion émotionnelle

Cette énergie dépensée à contenir ses émotions est considérable, et la fatigue qui peut en découler est celle de ne pas être soi-même. Faire semblant de rire alors qu'on est triste, faire semblant d'être intéressé alors que l'on s'ennuie, bouder alors qu'on est en colère, ou encore ne pas savoir pourquoi l'on se sent vexé, ni si c'est à tort ou à raison.

Cette mauvaise gestion émotionnelle dévore notre énergie psychique et nous fait emprunter de fausses routes d'analyse et de réflexion.

Paul, architecte et papa d'un petit garçon, a été élevé par une mère au foyer et un père assez strict, mais gentil. Dans cette famille, on ne parle jamais de ses ressentis, les conversations concernent les événements de la vie de famille, l'école, le sport… Bref, une famille apparemment normale et heureuse.

Mais, à trente-deux ans, Paul souffre, et ne sait pas vraiment pourquoi. Il s'aperçoit avec nos séances que ces conversations superficielles l'oppressent en réalité constamment. Il ne peut dire « sa vérité », ni poser les questions qu'il souhaite à son père, dont il regrette de ne connaître ni l'enfance ni la jeunesse, surtout depuis qu'il est lui-même devenu père.

Lors d'un repas de famille, boosté par sa réflexion et son travail sur lui-même, il tente une « approche » avec son père, mais s'aperçoit de ses blocages quand il s'agit d'avoir une communication plus intime avec lui : après avoir posé une première question, il se retrouve sans voix, incapable de continuer. Il voit alors non seulement sa propre fatigue, lassitude (« Je suis toujours vidé après ces repas, mais ce n'est pas dû à la nourriture puisque nous mangeons léger et sans alcool »), mais aussi celle de sa famille (« Tout le monde fait la sieste en même temps que mon fils, qui a huit mois ! » s'exclame-t-il). Il en constate les effets sur sa digestion (« C'est tout bloqué »), sa respiration (« Je respire à "petits souffles", uniquement par la poitrine, c'est bloqué aussi par là »), son élimination (« Je mets trois jours à m'en remettre, trois jours où je ne vais plus aux toilettes »).

Le défi que Paul doit relever est d'accepter de fendre la cuirasse qu'il s'est forgée, et dont chaque membre de la famille est aussi doté, d'oser se dévoiler, poser des questions « indiscrètes » (même si elles concernent juste l'histoire de son père). Pour cela, il sait qu'il doit renforcer préalablement son estime de soi afin de pouvoir faire face aux jugements ou à la gêne qui ne vont pas manquer d'arriver, risquant d'éveiller sa honte, jusque-là tapie dans un recoin de lui-même.

Voir la vraie origine de nos problèmes est une source d'énergie. Tout ce qui nous ramène à notre propre vérité nous galvanise. Lorsque nous nous mentons à nous-mêmes, nous nous évitons, et nous voguons alors sur l'océan de l'illusion. L'illusion du bonheur parce que nous possédons ceci, cela, ou que nous remplissons certaines cases et que la société nous incite à le croire. Malheureusement, à la moindre crise ou défaillance, cet équilibre de façade s'effondre.

La fatigue des personnes hypersensibles

Une réflexion parallèle se présente pour les personnes dites *hypersensibles*. Je n'aime pas les catégories mais il semble intéressant d'en dire quelques mots, car un nombre non négligeable de personnes peuvent se retrouver dans ce profil.

Les hypersensibles reçoivent le monde différemment : les odeurs, le bruit, chaque chose est vécue avec plus d'intensité. Leur empathie, leur soif d'absolu dans la recherche de vérité est souvent jugée extrême par les autres qui ont du mal à comprendre le décalage entre l'événement et l'intensité émotionnelle vécue par les personnes hypersensibles.

Solène, vingt et un ans, est étudiante en sciences politiques. Nous faisons une séance en visio pendant le premier confinement, qu'elle vit douloureusement, malgré son choix de partir à la campagne dans la famille de son compagnon. « C'est bizarre, me dit-elle, mais je suis profondément affectée, je traverse une déprime, comme si je ressentais tout, et partout : dans mon corps, dans ma tête, je suis triste pour le monde, et cela m'habite tellement que je n'arrive pas à travailler pour mes examens. Pourtant, autour de moi, et mon copain notamment, tout le monde s'affaire, en profite pour faire ceci ou cela. Bon, moi aussi, je me suis mise aux travaux des champs – ce n'est pas trop mon truc vous imaginez bien, mais j'apprends, enfin j'essaie… – mais en toile de fond, j'ai cette tristesse qui, je le sens bien, ne concerne pas que moi… Je n'arrive pas à être joyeuse, insouciante, alors qu'autour de moi cela n'a pas l'air de poser de problème. Je lutte en permanence pour essayer de ne pas ressentir, mais ce n'est pas possible. Je suis épuisée par tout ça, toute cette lutte pour vivre juste normalement, comme les autres. »

Solène avait peur de replonger dans la dépression où elle était tombée à l'âge de seize ans. Je la rassurai : en tant qu'hypersensible, elle ressentait tout cela et en était affectée profondément, mais elle n'était pas pour autant anormale ni en train de rechuter, car elle avait développé beaucoup de ressources (une vie amoureuse stable, des intérêts en cohérence avec sa façon de vivre, la musique, la méditation, la nature...), dont elle avait maintenant conscience. Je l'invitai à se recentrer sur celles-ci, et à considérer que ses autres pensées étaient une empathie pour le monde et une richesse dont elle pourrait se servir dans son travail plus tard.

Les personnes hypersensibles vont comprendre et lire les événements à leur manière, c'est-à-dire d'une façon qui paraît décuplée, disproportionnée, aux plus cartésiens d'entre nous. Il en résulte une réaction à la mesure de ce ressenti, qui les affecte profondément. Elles peuvent alors vouloir rentrer dans le rang, ce qui leur prend de l'énergie : se sentant souvent incomprises, elles peuvent douter d'elles-mêmes et devenir dépressives.

Leur pensée ne part pas des mêmes prémices, et il en découle de ce fait une vision du monde qui peut paraître décalée, voire complètement à côté de la plaque. En fait, la personne hypersensible tente par ses réactions de mettre en ordre la multiplicité des informations ressenties (et non réfléchies), et de les communiquer sans faire appel à des informations rationnelles. Cela déstabilise souvent les gens qui ne fonctionnent pas ainsi, et aboutit à du rejet, affectant profondément les relations et l'estime de soi des personnes hypersensibles.

Notre société privilégie l'analyse, les normes et non le cœur et la compassion, d'où un effort d'adaptation au réel souvent épuisant pour les personnes hypersensibles. Ne plus lutter mais accepter au contraire cette particularité comme un cadeau, qui permet de percevoir ce que d'autres ne voient pas, peut contribuer à redonner énergie et sens à la vie.

Réapprendre à écouter et accueillir ses émotions comme une source d'information, ni meilleure ni pire qu'une autre, est précieux, quelle qu'en soit l'intensité. En effet, nous sommes surstimulés par l'extérieur. Quand nous donnons-nous le temps d'explorer notre paysage intérieur ? Nous verrons que l'incessant bavardage de notre mental nous empêche d'accéder à notre propre silence, engendrant une fatigue sans précédent.

Listez quels sont, dans une journée, les événements ou interactions dans lesquels vous faites semblant. Graduez l'énergie que cela vous prend, entre 0 et 10. Quelles sont, au contraire, les situations qui vous ont donné de l'énergie ? Graduez entre 0 et 10.

Que concluez-vous ? Comment pouvez-vous augmenter le nombre de situations énergisantes dans votre quotidien ?

L'excès de zèle

L'excès de zèle peut aussi être en rapport avec un rattrapage pour se sentir à la hauteur des autres, prétendus meilleurs ou plus brillants que soi. Il peut servir des « loyautés invisibles[1] », afin d'honorer un parent, proche ou lointain, qu'inconsciemment nous souhaitons réhabiliter et dont nous voulons honorer la mémoire.

Il peut être aussi un marquage familial, une façon de se sentir appartenir à cette famille, d'en suivre les valeurs et de perpétuer une lignée.

Coralie a eu une mère dure, mais dont elle ne peut se passer, tant leur lien est fusionnel. Cette employée d'immeuble de trente-cinq ans lui téléphone au moins une fois par jour. « Sinon, c'est elle qui le fait », précise-t-elle. Sa petite sœur est née sans que sa mère le souhaite : « C'était pour faire plaisir à mon papa, qui lui, voulait un deuxième enfant. Mais ma mère l'avait prévenu que, puisqu'elle n'en voulait pas, elle ne s'en occuperait pas. » Ainsi fut fait. Le père n'assumant pas lui non plus ses responsabilités, Coralie se retrouva, à l'âge de cinq ans, à langer, baigner, nourrir, éduquer sa petite sœur, et aussi à assurer le ménage (tant qu'à faire), sans que cela crée le moindre problème à ses parents. Coralie ne se souvient pas avoir jamais joué de sa vie. « Je n'avais jamais le temps », avoue-t-elle.

Aujourd'hui, sa vie de famille se réduit aux tâches domestiques, et aux devoirs des enfants. Ne s'autorisant

1. Isabelle Méténier, *Histoire personnelle, destinée professionnelle*, Dervy (réédition), 2016.

aucun plaisir (« puisque cela ne sert à rien ») ni fantaisie, elle souffre de maux d'intestins de plus en plus graves au point qu'elle ne mange presque plus (« je vomis tout »). Une première intervention de réduction des intestins ayant eu lieu quelques années auparavant sans que cela apporte de soulagement suffisant, les médecins en prévoient une seconde prochainement, sans toutefois s'être préoccupés des difficultés psychologiques de Coralie, ni de son mode de vie. « Pour l'instant, je tiens sans médicaments, ils m'ont même donné de la morphine, étant donné mes douleurs, mais je ne la prends pas car je veux garder le plus possible mon autonomie vis-à-vis des cachets. Mais je crois que ça me fatigue un peu, tout ça. »

L'excès de zèle de Coralie sert sans conteste à couvrir un état dépressif, qui a dû s'installer dès l'enfance. La fatigue, la maladie, les émotions, les comportements excessifs sont ainsi autant de signes à prévenir.

Pour autant, Coralie est venue me voir, non pas pour me parler de son enfance et de ses problèmes de santé, mais parce que sa cheffe lui en demandait « toujours plus », et qu'elle ne pouvait plus fournir. Ainsi, Coralie sentait qu'elle perdait pied. Ne ressentant pas l'injustice, elle se sentait au contraire coupable de ne pouvoir honorer tout le travail à effectuer chaque jour.

Le recul sur la situation a permis de constater que le problème venait non seulement du travail, qui suit sa logique (réorganisations, pas de remplacements de postes…), mais aussi de l'histoire de vie de Coralie, qui a généré son lot de croyances, de comportements de compensation, de problèmes de santé et de déni de la douleur qui bien sûr, l'épuisent... Mais, habituée, Coralie ne fait même plus attention à sa fatigue, devenue sa compagne, ignorant que ce déni favorise le terrain de la maladie.

Fiona, la cinquantaine, se voit promue au rang de cheffe de service dans une grande société de téléphonie. Sa hiérarchie est décentralisée. Petit à petit, la distance et le peu d'interactions avec son responsable la murent dans un silence et une solitude qui la minent. Son sommeil s'en ressent, son anxiété, son humeur. La pression augmente, les budgets qu'elle a à gérer se comptent maintenant en centaines de milliers d'euros, qu'elle peut faire disparaître à la moindre erreur. Elle en avertit plusieurs fois la direction, personne ne répond. Fiona est une femme responsable, sérieuse, engagée. Elle semble seule sur le bateau, seule à gérer ce budget énorme, mais en prend toute la responsabilité tant qu'elle n'obtient pas de directive claire de sa hiérarchie.

Mais un jour, ivre de fatigue, elle n'arrive pas à se lever, et reste alitée six mois. Son burn-out la maintiendra trois ans en arrêt maladie.

La loyauté, l'honneur, l'engagement sont compris en dehors de tout contexte extérieur : ce sont des injonctions à suivre quoi qu'il arrive, sinon gare à la culpabilité qui tenaille le corps et l'esprit, jour et nuit. L'investissement total, en dépit du bon sens et de la santé, garantit une pseudo-paix avec soi-même, un maintien de l'identité, de la cohérence psychique interne. Pas de dissonance cognitive ni de contradiction possible.

Mais gare au retour de manivelle : l'épuisement, explosif à l'issue de mois, voire d'années, de travail sans relâche, fait très mal. C'est souvent au moment de ce « craquage » que la personne mesure l'étendue de sa fatigue, qui est telle que, dans les premières semaines ou mois suivant l'effondrement, elle ne fait que dormir.

Le piège des sollicitations distrayantes et l'invasion numérique

Notre attention est comme un « petit singe agile », disent les bouddhistes. Nous avons naturellement tendance à zapper d'un sujet à un autre, surtout si des tentations puissantes nous y incitent. Aujourd'hui, nous avons tellement de sollicitations extérieures que nous n'arrivons plus à nous solliciter nous-mêmes, et cela rend plus difficile, voire impossible, notre concentration. Le trouble de l'hyperactivité est de plus en plus fréquent : n'est-ce pas là un signe que nous devrions prendre en compte ? La surstimulation extérieure au détriment de la concentration, qui n'a jamais été suffisamment encouragée ?

Dans les écoles d'élite de la Silicon Valley, les iPhones, les iPads et même les ordinateurs portables sont interdits[1] ! Pas de tablettes pour les enfants de feu Steve Jobs, pas de Smartphones pour les enfants de Bill

1. https://www.francetvinfo.fr/internet/reseaux-sociaux/facebook/un-ancien-cadre-de-facebook-defend-a-ses-enfants-de-toucher-a-cette-merde_2511123.html

Gates avant leurs quatorze ans, pas plus que pour ceux des managers de Facebook, Instagram, Google et les autres[1]. Ça fait réfléchir, non ?

Quant à nous, adultes, nous nous sommes laissés prendre par l'instantanéité des jeux, des conversations sur les réseaux sociaux ou des informations en ligne. Notre stimulation intellectuelle est bien plus grande qu'il y a trente ans. Mais notre capacité de concentration, elle, n'est plus la même, loin de là. Et cela nous distrait, mais surtout nous épuise, en nous demandant une adaptation de tous les instants. Le piège est là : dans ces sollicitations ludiques, que se passe-t-il vraiment, dans nos vies ? En fait, ce zapping permanent aspire notre énergie, augmente notre charge mentale.

Pendant plusieurs jours de suite (commencez par trois, entre 18 heures et 6 heures du matin par exemple), décidez d'éteindre votre Smartphone. Notez ce que vous ressentez (sensations physiques, émotions, pensées, et vos tendances à l'action). Quel est votre état ? Êtes-vous détendu ou au contraire anxieux et tendu ? Pourquoi ? Pouvez-vous mettre cela en place, ne serait-ce qu'un soir par semaine, pour commencer à vous libérer ? Listez vos résistances. Que pouvez-vous faire pour les transformer en avantages ?

1. Voir le documentaire : Jeff Orlowski, *Derrière nos écrans de fumée*, 2020.

Les questions sans fin face aux incohérences

Chaque jour, nous entendons des informations à la télévision ou à la radio, et nous ne savons qu'en faire. Sébastien Bohler[1], scientifique, journaliste et auteur de plusieurs livres dont l'excellent *Le Bug humain*, fait part de son impatience face à des actualités contradictoires dont nous devrions chaque jour nous réjouir comme des benêts, ou bien nous désoler.

La fatigue des informations contradictoires

Il met des mots et rend explicite une réflexion que je me faisais moi-même depuis des années à travers cet exemple. Un jour, information (alarmante) : malgré les sommets environnementaux (qui ne servent à rien puisque aucun changement ne s'ensuit), les émissions de CO_2 ne finissent pas d'augmenter, et l'horizon du réchauffement climatique à 2100 est estimé à 4 degrés. En effet, le journaliste a l'air triste en annonçant cela. Le lendemain, information (joyeuse) : Airbus vient de signer un supercontrat pour la vente de quatre cent trente moyen-courriers.

Effectivement, il y a de quoi buguer : hier, on se morfondait car on sentait la fin du monde arriver à cause de la pollution et du réchauffement climatique, mais aujourd'hui, il faudrait se réjouir de ce gain, obtenu toutefois par une industrie polluante et participant au

1. Sébastien Bohler, *Le Bug humain*, Pocket, 2020, p. 139.

réchauffement climatique. On devrait l'oublier et juste être content de ce contrat ?

Ne croyez-vous pas que ces injonctions paradoxales provoquent en nous beaucoup de fatigue mentale ? Il serait plus approprié de ramener réflexion et modération dans cette course infernale.

Visionner des reportages, même passionnants, sur la disparition des dauphins à cause des nuisances du plastique ou autres pollutions humaines n'a-t-il pas un effet anxiogène et épuisant ? Nous savons que la Terre se dégrade et que les emballages en plastique continuent de polluer les océans. Cela doit-il pour autant régir notre quotidien de manière parfois invasive et inutile ? D'innombrables émissions, reportages nous montrent des faits qui nous révoltent, nous désespèrent, nous interrogent, mais où et avec qui débattre ? Et que pouvons-nous faire, surtout si nous travaillons dans le tourisme, l'armée, le transport aérien… ?

Révélée par Léon Festinger, psychosociologue américain, dans les années 1960, la théorie de la dissonance cognitive, bien connue en psychologie sociale, montre que face à un état de tension interne, nous sommes amenés à agir de façon à stopper cet état. D'autre part, et d'une façon générale, nous avons tendance à rationaliser pour expliquer nos comportements[1].

Cette théorie expliquerait pourquoi, lorsque quelque chose nous angoisse, par exemple, une catastrophe

1. Cette théorie, très riche, a de multiples applications et protocoles, il n'est donc pas question d'être exhaustif ici.

naturelle ou une pandémie comme celle du Covid-19, nous pouvons avoir une réaction amplificatrice, en imaginant quelque chose de bien pire (comme l'« extinction de la moitié de la population à cause de futures maladies »), et normative (et avec elle la pression de conformité pour faire ceci ou cela). C'est le manque d'informations qui rend possible cette surenchère, laquelle vient alors justifier l'anxiété. La cohérence et la mesure reviennent à l'esprit, grâce à la rationalisation. Celle-ci, comme tout mécanisme de défense intérieur et inconscient, nous protège contre l'effondrement psychique.

Lorsque penser nous fatigue

Mais elle use également notre énergie, car nous devons l'utiliser constamment et à propos de nombreux sujets pour tenir notre unité intérieure. Une fois lancés dans cette voie, nous allons rechercher toutes les informations pour la conforter.

Cela peut prendre la forme d'une minimisation (« Il ne faut pas dramatiser non plus » ; « Tous les scientifiques ne sont pas d'accord, ce n'est donc pas si grave ») ou d'une justification (« Ce n'est pas à moi de régler ça, j'ai déjà assez de choses à penser »).

Mais au fond de nous, nous sentons bien que quelque chose n'est pas juste lorsque nous écoutons, chaque jour, les informations et que nous les avalons sans pouvoir exercer ni notre intelligence ni notre discernement.

Regardez les informations et amusez-vous à repérer deux incohérences. Regardez et écoutez attentivement le journaliste lorsqu'il fait les annonces : sa voix est-elle monocorde ? Semble-t-il enthousiaste ? affligé ?

À la fin du journal, faites la synthèse de ce que vous avez retenu. Notez cette synthèse sur un tableau, et ce jour après jour.

Au bout d'un mois, faites un point. Des questions émergent-elles ?

3

Fatigue « Velcro »®, fatigue hédonique, fatigue traumatique

À chaque signe que nous envoie la vie, après bien sûr un temps nécessaire à la « digestion », nous pouvons aller dans le sens d'une réjouissance à propos de ce qui nous arrive (voir le bon côté des choses, ou l'opportunité qui se dégage de la situation), ou plutôt dans une direction plus noire, et nous morfondre. Cela ne va pas de soi dès le début, en fonction de l'événement, cela peut nous prendre plusieurs semaines ou mois. Il est normal, lorsque nous prenons connaissance de quelque chose qui nous affecte, de nous sentir tristes ou désespérés.

Par exemple, vous n'avez pas été retenu pour un poste qui vous tenait à cœur et, le même jour, vous êtes contacté par une agence immobilière qui vous dit que la maison de vos rêves n'a finalement plus d'acquéreur, et qu'elle est désormais à votre portée. Comment allez-vous réagir ? Le plus souvent, après un moment de tiraillement, nous négligeons ou minimisons la bonne nouvelle, voire l'oublions complètement.

Nous sommes nombreux à ignorer les bonnes nouvelles pour ne retenir que les mauvaises, et pis encore, à ne plus nous réjouir de ce qui faisait notre bonheur encore quelques années auparavant, le considérant désormais comme tellement banal : nous avons un job intéressant, pourtant il nous lasse. Nous avons un conjoint aimant, mais nous rêvons d'une autre vie. Nous avons une belle maison, mais nous ne regardons même plus les couchers de soleil à travers nos grandes baies vitrées.

À l'inverse, les traumatismes peuvent laisser une empreinte forte sur notre corps, et si nous en minimisons l'impact, nous pourrons développer des tensions physiques et/ou mentales très fatigantes, voire invalidantes.

La fatigue « Velcro® »

Notre cerveau est programmé pour réagir et se protéger en cas de danger. Il est câblé pour se souvenir d'abord des mauvaises nouvelles, de ce qui va mal, car il doit en premier lieu s'assurer de notre survie. C'est l'effet « Velcro® » : on se souvient du négatif, qui s'accroche à notre mémoire, et on ressasse l'événement qui fait mal.

La fatigue des perfectionnistes

Ce matin, Julie part à son travail le cœur léger : elle sait qu'elle va passer une bonne journée, sa directrice l'a convoquée pour la débriefer sur une étude qu'elle a menée de bout en bout de main de maître.

Avant de la rencontrer, lisant les évaluations des personnes avec qui elle a travaillé, elle s'aperçoit que l'une d'entre elles ne comprend que 2 étoiles au lieu de 5, et émet des critiques, assez crédibles d'ailleurs, sur son organisation et d'autres points mineurs.

Julie, malgré la bienveillance de sa hiérarchie, aura du mal à ne pas penser à ces remarques négatives, les ressassant, diminuant ainsi sa joie et la fierté d'avoir bien réalisé son étude.

Ce que fait Julie est un choix par défaut. Car c'est la première option que nous offre notre cerveau : ressasser, en boucle, ce qui n'a pas été, ce qu'on a mal fait. L'erreur fait bouger, incite à l'action, dans la mesure où elle est contrebalancée par d'autres éléments, plus positifs. Nous tirons en effet plus rapidement des leçons de nos douleurs que de nos plaisirs. Dans les relations, la confiance se perd beaucoup plus facilement qu'elle se regagne. On se souvient mieux d'un fait déplaisant au sujet d'une personne que d'un événement agréable. Il suffit d'avoir eu l'impression d'avoir été inutile à plusieurs reprises pour créer un sentiment d'impuissance, un des facteurs majeurs de la dépression. Il faut en général beaucoup plus d'expériences inverses, où l'on se sent efficace, valorisé, pour retrouver de la confiance et un sentiment de compétence. Ne voir que l'erreur inhibe, et rend anxieux. Cependant, ignorer l'erreur favorise le sentiment de toute-puissance et ligote le comportement. Que faire ?

Si nous n'avons pas appris à nous détendre lorsqu'un problème ne peut être réglé immédiatement – ce qu'enseigne par exemple la méditation de pleine conscience –, alors le risque est d'enclencher une boucle négative infernale, anxiogène, qui va grignoter petit à petit notre énergie mentale en se muant en obsession.

« Je suis perfectionniste, je ne supporte pas que TOUT ne soit pas *clean*, parfait, propre. » Loin d'être une qualité et un honneur, cela reflète plutôt le resserrement d'une pensée obsessionnelle banalisée, dans une société aseptisée (matériellement et émotionnellement) qui ne donne aucun droit à l'erreur, n'autorise aucune bienveillance. Cette logique, poussée à l'excès, conduit les individus qui s'y complaisent, plus ou moins malgré eux, à une intolérance à « tout ce qui dépasse », rigidifiant encore plus leurs comportements, modes de vie, idées et perceptions.

Ainsi le perfectionnisme, s'il est parfois utile, est souvent toxique. Et cela commence dès l'école, qui pointe seulement les fautes dans une dictée par exemple, sans féliciter pour les mots bien écrits ou les qualités non normées, ni valoriser les raisonnements ou savoir-être différents. Cela crée de l'anxiété et de la fatigue scolaire. Dans nos sociétés, rigides à l'extrême, cette « normose[1] » nous ôte une part de notre humanité, de notre capacité de résilience et de créativité. Cela épuise et peut faire glisser dans la dépression. Jacques Vigne, psychiatre et méditant, nous rappelle qu'en Occident la psychologie se base sur la pathologie et se fixe pour objectif le retour à la normale, « c'est-à-dire, en pratique, rentrer dans la moyenne[2] ». En Orient, au

1. Jacques Vigne, *Éléments de psychologie spirituelle*, Albin Michel, 1993, p. 23.
2. *Ibid.*

contraire, la psychologie est fondée sur une idée évolutive de l'être humain.

Ces deux regards ne mènent pas au même endroit.

Dans le premier cas, l'adaptation aux normes sociales pathogènes restreint le champ, et peut mener à la fixité, à la rigidité. Notre vie quotidienne elle-même, avec ses excès matérialistes de plus en plus flagrants, n'est-elle pas grandement pathogène ?

Dans le second cas, place est faite au mouvant, au vivant, à l'évolution adaptative menée par notre être intérieur. Le chaos apparent peut être un bon signe, il permet l'émergence de l'inattendu et la transformation peut alors s'ensuivre. Nous ne devrions jamais prendre la norme pour la règle, mais plutôt comme une tendance.

> Repensez à une réaction que d'autres ont estimée anormale, qu'elle soit la vôtre ou celle de quelqu'un d'autre. Dans quel environnement aurait-elle été normale ? Ou, dans le même environnement, quelle aurait été la réaction normale ? Du mieux que vous pouvez, identifiez les paramètres du contexte qui vous donnerait la liberté de réagir de la façon qui vous convient. Que concluez-vous ? Le cadre dans lequel vous évoluez actuellement vous convient-il ? De quoi avez-vous besoin pour aller dans votre propre direction ?

L'entraînement de l'esprit, notamment par la méditation de pleine conscience, semble être une bonne option car il favorise une meilleure harmonie entre les pensées et les émotions en prenant en compte ces deux portes décisionnelles et non l'une ou l'autre. Un choix 100 % « rationnel » n'est pas forcément opportun, ni un choix uniquement basé sur l'émotion. C'est la différence entre « réagir » et « répondre ». Nous aurons l'occasion d'en reparler. Dans la « réponse », nous sommes dans un meilleur équilibre pour tirer des enseignements de nos erreurs, et donc pour apprendre, que dans la réaction. Pourquoi alors avons-nous tendance à privilégier cette dernière ?

Réagir au danger est, pour un animal, un réflexe de protection. Nous, humains, avons dû fonctionner ainsi également, et notre cerveau en a encore la mémoire. Si aujourd'hui nous ne risquons plus d'être avalés par une bête sauvage, nous connaissons toujours la peur mais dans le domaine émotionnel : peur du jugement, du licenciement, de la honte, etc. Mais surréagir apporte davantage d'anxiété que de solutions, et ouvre grand la porte au ressassement.

À l'inverse, les bonnes nouvelles glissent sur nous comme l'eau sur les plumes d'un canard et, pire, ne semblent pas intéresser vraiment notre cerveau. C'est l'effet Téflon®. Il est rare que nous nous repassions en boucle à quel point notre ami Charles a été sympa avec nous aujourd'hui, comme toutes les fois où nous l'avons vu d'ailleurs, et que c'est pour cela qu'il est notre ami. Nous y pensons même rarement. Au contraire, nous privilégions plutôt les pensées au sujet de ce que nous estimons être les défauts de Charles, son manque de fiabilité parfois, ou sa mauvaise humeur lors d'une récente soirée… Cet événement marquera notre mémoire, cette soirée gâchée occultant toutes les qualités de Charles.

Minimiser ou ne pas se souvenir d'un séjour au soleil n'a pas de véritable conséquence. Sauf si nous oublions ou reportons systématiquement ce qui nous fait plaisir. C'est ce que font les personnes atteintes d'un burn-out : avant la crise, les réjouissances et les activités générant du bien-être sont réduites, voire supprimées, par « manque de temps », et la personne se retrouve à effectuer uniquement ce qui la contraint, et ce, même si elle aime son travail.

Ainsi, différer ou rater une situation agréable ne va pas nous faire mourir… mais passer à côté trop souvent, ou sans donner du sens à ce report, est délétère pour la santé, car ce sont aussi ces activités-là qui ressourcent. Pourquoi croyez-vous que les gens étaient épuisés pendant les confinements ?

Pour être heureux, il faut faire un effort

Les situations agréables, à moins qu'elles soient intenses et originales, sont plus vite oubliées car elles ne menacent pas la survie. Selon le neuropsychologue Rick Hanson[1], ce phénomène a trois explications :

- Nous avons tendance à oublier les bonnes nouvelles parce que nous sommes trop occupés à résoudre les problèmes ou – et c'est le comble – à rechercher des sujets d'inquiétude. Cela nous épuise de nous inquiéter, mais nous le faisons, encore et encore.
- Nous passons d'une tâche à l'autre sans prendre le temps de nous réjouir de ce que nous venons d'accomplir. Il n'y a pas de temps pour l'intégra-

1. Neuropsychologue et auteur du *Cerveau du bonheur*, Pocket, 2013.

tion. Si quelqu'un nous fait un compliment, nous le repoussons, surtout si cela a été encouragé par notre éducation (et l'école).

– Enfin, Hanson explique que, à l'exception de celles qui sont extraordinaires, les expériences positives courantes ne s'enracinent pas dans notre mémoire de la même façon que le négatif, et qu'il faut un effort particulier de conscience et d'attention pour qu'elles soient stockées, puis sollicitées en cas de besoin.

Autrement dit, pour être heureux, il faut faire un effort. Pour être malheureux et anxieux, aucun.

En outre, et si s'amuser est essentiel, ne rien faire l'est tout autant : cela relève d'une fonction vitale du cerveau, qui utilise ce temps de vacance pour réorganiser certaines connexions indispensables à son fonctionnement optimal.

À partir d'aujourd'hui, prenez un carnet et notez les événements où vous vous sentez aimé, valorisé, serein. Restez, du mieux que vous pouvez, ouvert à ce sentiment pendant quelques minutes, en respirant, en le maintenant en vie dans votre conscience. Laissez venir à vous les sensations, pensées, émotions afférentes à chaque événement, chaque fois que vous en notez un.

Vous créerez ainsi du Velcro® sur vos expériences positives.

La fatigue hédonique

Oublier les bonnes nouvelles, ou s'y habituer ? L'« habituation hédonique » relève d'un fonctionnement normal de notre cerveau : c'est le fait de s'habituer à quelque chose qui, au départ, nous faisait plaisir, ce plaisir s'amoindrissant avec le temps.

Une situation personnelle me revient en mémoire. Enfant, j'étais partie dans le Sud avec mes parents, en vacances. Cet été-là, ils avaient retrouvé une certaine proximité, et semblaient très amoureux après une période de conflit. J'en profitais pour essayer d'obtenir ce que je voulais, car ils accédaient pratiquement à toutes mes demandes. Ainsi, j'avais pris l'habitude de déguster chaque jour à 16 heures, en sortant de la plage, une superbe gaufre à la chantilly. Je me régalais. Mais le dernier jour, j'ai refusé, disant à ma mère : « Non, tu sais, cela ne me plaît plus assez. » J'étais tout simplement habituée à manger ma gaufre et le plaisir n'était plus aussi intense.

Cette satisfaction, nous la recherchons toujours, car elle est galvanisante. Lorsque nous sommes fatigués, nous ressentons moins le plaisir, il est comme gommé, insignifiant. En tout cas, il ne réussit pas à nous redonner notre énergie perdue.

Fatigués du bonheur ?

Le plaisir dont nous parlons ici est lié à la nouveauté, au sentiment que quelque chose commence. Au bout d'un moment, deux ans selon les chercheurs pour les gros chantiers (une maison, un nouveau bureau, un nouveau tableau dans la salle à manger...), nous nous habituons, et nous recherchons davantage. Davantage de stimulation, de statut social, d'argent, de surface, de beauté, de puissance... C'est un peu comme les drogues et l'alcool.

Nous pouvons ainsi être fatigués de recevoir chaque jour le même compliment : « Bravo ! Vous êtes à l'heure ! », car il est devenu si banal que nous n'y prêtons plus attention. En revanche, un matin, si l'on vous dit : « Votre travail a été remarqué par le grand patron et il veut vous voir dans la journée », vous sentirez votre humeur différente.

L'habituation hédonique va de pair avec le fait que nous avons des buts dans la vie, et que notre système de récompense s'active lorsque nous atteignons nos objectifs et comblons nos désirs. Mais, avec la répétition, nous sécrétons moins d'hormones du bonheur : « Ah ! Si seulement j'avais pu être remarqué plutôt par tel patron de telle entreprise, à tel endroit, dans telle ville ! Cela aurait plus d'impact pour ma carrière », nous prenons-nous à songer, alors qu'au départ, seule l'idée que le grand patron soit content de notre travail était en soi une source immense de bonheur et de fierté. Si, et seulement si, nous obtenons plus que précédemment, notre cerveau va produire de la dopamine en quantité suffisante pour que nous sentions de nouveau le plaisir avec l'intensité d'origine. C'est pourquoi nous ne sommes jamais assez satisfaits. Le système d'habituation hédonique n'a pas de fin, et nous incite à être constamment dans une recherche, une quête pour nous renouveler, nous réinventer, nous adapter. En ce sens, c'est une force formidable, qui nous permet de nous améliorer sans cesse et d'optimiser nos ressources. Mais à terme, le plaisir devient un terrain banal et se ternit, et alors même que nous avons lutté pour obtenir ce que nous avons, nous nous retrouvons dans l'ennui, à ne même plus remarquer ce qui, quelques années plus tôt, nous transportait de bonheur.

L'habituation hédonique peut aboutir à la fatigue parce qu'il faut toujours recommencer. Plus haut, plus fort, plus loin. Au bout d'un moment, et ce, même si la quête d'un statut social plus important, d'un partenaire plus attrayant, d'un gain d'argent plus important est toujours prégnante, nous pourrons nous lasser. Et nous épuiser.

Avec cette fatigue se pose la question du bonheur : est-ce la peine de faire tout cela ? Suis-je plus heureux ? En arrière-fond, c'est la question du sens de nos actions qui se pose.

Avez-vous chez vous des objets, meubles, que vous aimiez et que vous ne remarquez plus ? Y a-t-il sous votre toit d'autres personnes que vous, qui font partie de votre famille, ou des amis chers, que vous ne regardez plus ? Vous êtes-vous habitué à leur présence ? Posez également votre attention sur les avantages de votre logement, par exemple, auxquels vous ne faites plus attention.

Que concluez-vous de ces observations ? Vous pouvez décider de poser un nouveau regard sur ces choses, en vous aidant de la seconde partie de ce livre.

La fatigue traumatique

On entend parfois : « C'est du passé », comme si le passé n'avait pas de prise sur le présent. Rien n'est plus faux.

Nombre d'entre nous ont vécu des traumatismes et nul besoin pour cela d'avoir connu la guerre, un tsunami, assisté à un meurtre, à une fusillade ou d'avoir été sexuellement agressé. Beaucoup de traumatismes moins spectaculaires sont enfouis dans notre cerveau. Mais nous les minimisons, incapables que nous sommes soit de mettre des mots dessus, soit d'y survivre psychiquement. Surtout si nous les avons vécus dans la petite enfance. C'est cela, banaliser : ne remarquer que ce qui prend tout l'espace, minimiser ce qui ne se voit pas, peu, ou ce qui est considéré comme « pas si grave que ça ».

Outre les traumas d'enfance, il y a aussi des situations douloureuses comme les conflits, les maladies, les deuils, etc. que nous revivons en boucle, dans le vain espoir de trouver une solution et de nous apaiser[1]. C'est la stratégie utilisée pour vaincre un trauma. Comme on ne parvient pas à le dépasser, on se bloque, toujours au même stade de conscience, de souffrance et pensée. On répète, encore et encore, les mêmes schémas, continuant à envisager sa vie comme si le traumatisme était toujours là, inchangé et immuable jusqu'à

1. Stéphany Orain-Pelissolo, *Étreindre votre douleur, éteindre votre souffrance*, Odile Jacob, 2018.

ce qu'on trouve une écoute, un accompagnement et un environnement qui apportent enfin une certaine paix.

La fatigue corporelle, miroir de la fatigue mentale

Lorsque nous subissons trop de stress pendant un temps prolongé, trop de pensées anxieuses et récurrentes, notre corps n'est plus en mesure, au bout d'un moment, de revenir à un état de calme. Les tensions dans nos muscles perdurent, le cortisol (hormone produite lorsque le stress se prolonge) est sécrété sans relâche, ce qui fragilise notre immunité et notre combativité mentale. Notre système nerveux est suractivé, ne permettant plus le repos, et laissant ainsi diverses pathologies s'installer.

Pivoine, vingt-trois ans, vient me voir car elle est épuisée : il se passe des choses dans son corps qu'elle n'arrive plus à juguler. Monitrice de tennis dans un club de sport, elle peine à tenir une raquette, à se mouvoir : elle « tremblote », se raidit et transpire énormément sous les aisselles et aux mains. Il y a deux ans, son petit ami s'est tué dans un accident de montagne, sous ses yeux. Pivoine ne comprend pas ses rigidités corporelles et ne fait aucun lien avec la mort de son ami. Elle s'est précipitée dans les « choses à faire », et a été très présente auprès des parents du jeune homme « car ils avaient tant de peine ». Elle s'est oubliée dans l'aide qu'elle a apportée à la famille, ce qui par ailleurs, l'a aidée à amortir la violence de ce traumatisme.

Aujourd'hui, alors qu'elle n'a quasiment pas pleuré la mort de son ex-petit copain, elle se trouve de plus en plus handicapée dans sa vie quotidienne. Son sommeil, bien sûr, est grandement perturbé, et sa fatigue l'handicape dans son quotidien, tant elle manque d'énergie.

Bessel Van der Kolk, psychiatre et grand spécialiste du trauma, nous apprend que, lorsque les éléments du traumatisme se rejouent encore et encore, les hormones du stress aggravent encore plus profondément leur souvenir. Certaines personnes se ferment émotionnellement sans présenter de symptômes. Le champ de bataille, autrefois extérieur, se joue alors à l'intérieur, dans le corps, sans qu'émerge le lien entre ce qui s'est passé à l'époque et ce qui se manifeste maintenant à l'intérieur.

Claude a des maux de tête et une tension telle dans son corps qu'elle va parfois aux urgences, sujette à des crises « incompréhensibles » : douleurs insupportables au poignet, migraines insoutenables, difficultés à respirer. La neurologue qui la suit depuis plusieurs années n'a pas remarqué d'anomalie notable dans les innombrables scanners et autres examens lourds que Claude a passés, et lui a dit que c'était un « mystère ». Incapable de s'inscrire à la moindre activité extraprofessionnelle par « manque de temps », Claude traîne son mal-être « depuis toujours ». Aujourd'hui, âgée de cinquante-quatre ans, elle a décidé de prendre rendez-vous avec un psychologue, dont la voix au téléphone lui a inspiré confiance.

J'ai connu Claude lors d'un stage que j'animais. Sa tenue, droite et raide, reflétait sa rigidité mentale. Pour se protéger (c'est du moins mon hypothèse), elle s'était forgé une double carapace remplie de principes et de tensions musculaires. D'année en année, tout s'était intensifié. Et sa souffrance était devenue telle qu'elle était constamment épuisée.

Ici, le contrôle doit être maintenu à tout prix, et cette répression émotionnelle coûte cher au corps. Claude était persuadée que ces maux de tête étaient une « seconde nature », et jamais aucun médecin ne lui avait permis de faire un quelconque lien avec son passé. Pourtant, une personne traumatisée va concentrer son énergie sur la répression de son chaos intérieur, au lieu d'investir sa vie[1]. Ces tentatives pour maîtriser des réactions physiologiques insoutenables peuvent créer de nombreux symptômes physiques, allant de la fibromyalgie à l'épuisement chronique en passant par d'autres maladies auto-immunes.

Ce phénomène peut être collectif : pendant le premier confinement, les annonces à la télévision, jour après jour, du nombre de morts et de cas de Covid-19 ont créé un trauma et une sidération sur la population par leur répétition et généré un sentiment de peur difficilement contrôlable. Des psychiatres ont même observé des manifestations de stress post-traumatique chez des petits enfants d'âge préscolaire, dues notamment à la pauvreté des interactions et des stimuli verbaux ou non verbaux. La quasi-impossibilité (pendant le premier confinement) puis la difficulté (dans les mois qui ont suivi) de pratiquer une activité physique ont rajouté de la rigidité et de l'immobilisme là où il était essentiel de mettre du

1. Bessel Van der Kolk, *Le corps n'oublie rien*, Albin Michel, 2018.

mouvement. De ce fait, de plus en plus de gens se sont trouvés fatigués, déprimés et confus émotionnellement, leurs symptômes étant désormais regroupés sous le terme de « fatigue pandémique » (puisqu'il faut apparemment trouver un nom de syndrome pour presque tout).

Dans ce contexte de crise sanitaire, les médias ont largement contribué à la baisse de moral en égrainant chaque jour leur décompte de malades et de morts, à tel point que ne pas s'informer était presque salutaire.

Tant que l'on banalisera l'absence d'empathie, que l'on minimisera le besoin d'activité physique, la connaissance de soi et de son corps, tant que l'investissement intellectuel primera sur celui du lien à l'autre, la fatigue envahira de plus en plus le territoire du vivant.

4

Les nouvelles fatigues du travail

Les dysfonctionnements relationnels créent du stress et des traumas. Dans les entreprises, ce dysfonctionnement mène par exemple au burn-out. Ce dernier n'est pas seulement dû à une surexposition au travail, mais aussi aux tensions, aux menaces, à la dévalorisation, à l'absence de bienveillance et d'engagement social. La solitude pèse aussi lourdement, lorsqu'il n'y a personne pour comprendre ou agir sur les difficultés rencontrées.

La fatigue liée au manque de sens

« Je n'ai pas le temps de bien faire le ménage, se plaint Aurélie, agent hospitalier. J'ai tellement de chambres à faire que je dois passer en vitesse, et en plus je n'ai pas les bons produits car ils [la direction] n'ont plus de budget. Incroyable mais vrai ! Alors parfois je mélange avec du savon de Marseille, j'en suis là… Mais pour moi, ce n'est pas ça, faire le ménage. Ça, c'est bâcler le travail, car on ne peut pas faire autrement si on veut au moins donner un petit coup dans chaque chambre. Eux, ils ont calculé que je pouvais faire la chambre en dix minutes chrono, mais ça se voit qu'ils voient ça de leur fenêtre ! Parce que ça n'existe pas, ça, de travailler à cette vitesse en faisant le ménage à fond ! Alors j'ai l'impression de régresser, d'être incapable à présent de bien faire. »

Nos organisations complexes et les formes actuelles de travail contraignent nombre de travailleurs à devoir faire moins bien que ce qu'ils ont appris et qui correspond aux normes du bon professionnel. C'est ce que les psychologues du travail nomment le « travail empêché » : la personne ne peut pas produire la qualité qui la fera se sentir efficace, ce qui devient source d'anxiété et de fatigue.

Vincent de Gaulejac, sociologue et auteur de nombreux ouvrages, parle de la tension générée par la contradiction entre la vision qu'ont les personnes de la finalité de leur travail (leur définition du bon travail) et les nouveaux outils de gestion qui les évaluent, non pas en fonction de la qualité réelle de leur travail, mais à partir d'une qualité fabriquée, reposant sur des indicateurs quantitatifs, nullement fondés sur le réel, mais sur le supposé. Ainsi, le théorique devient la norme, et l'homme est assimilable à un robot. Tous les petits actes qui donnaient le sens, la satisfaction, la joie d'être là (et qui font sécréter de la sérotonine, diraient les scientifiques) sont proscrits ou impossibles à réaliser.

Ginette est aide-soignante dans une institution psychiatrique du nord de la France, qui comporte plusieurs pavillons. Elle fait partie d'un groupe d'analyse des pratiques professionnelles que j'anime. Elle pleure. « Tous les ans, nous organisons la “fête du pavillon”. Cela s'est instauré comme ça, au fur et à mesure du temps, ce n'est pas du tout la direction qui nous l'a demandé. Je travaille ici depuis trente-cinq ans, je pars bientôt à la retraite. À l'époque, nous nous sentions appartenir tous à la même maison, les résidents, nous vivons avec eux, ils sont un peu en famille ici, nous représentons leur quotidien. Alors, nous avons créé cette journée de fête, afin de partager avec leurs proches un peu de leur vie : vivre avec eux un temps différent, parler avec les familles, créer du lien et des bons souvenirs. Chacun apportait quelque chose, des ateliers étaient organisés dès le mois de janvier pour préparer cette journée de juin. Nous apportions des gâteaux, des choses que l'on avait confectionnées nous-mêmes, nous prenions des photos que l'on regardait ensuite ensemble, c'était un bon moment de partage.

Aujourd'hui, notre institution, sous l'égide de l'ARS[1], nous a dit qu'étant donné que cela ne fait pas partie officiellement de notre mission, elle tolère que nous organisions cette journée, mais pas sur notre temps de travail. "Vous vous plaignez du manque de temps, mais vous souhaitez organiser une activité non prévue, ce n'est pas logique", nous disent-ils. Oui, pour eux, cela ne l'est pas. D'un point de vue technocratique, cela ne l'est pas. Mais nous, nous savons que les résidents attendent cette journée avec impatience, elle est instaurée depuis si longtemps, et cela leur fait tellement de bien ! Comment nous organiser ? Nous sommes déjà débordés, minutés au quotidien ! Et avec les nouvelles normes, tout est très strict. Nous n'avons plus le droit d'apporter des gâteaux fabriqués chez nous, car ils doivent avoir une trace des ingrédients utilisés en cas d'intolérance ou d'intoxication alimentaire, sinon ils ne

1. Agence régionale de santé.

sont pas couverts par les assurances en cas de problème. Alors on fait une cagnotte entre nous, sur nos salaires, et on va acheter des gâteaux. Mais ce n'est pas pareil. Tout est comme ça. Cela n'a plus de sens. Nous voulons renoncer chaque année, mais devant la déception des résidents, nous craquons et recommençons ! Mais personnellement, je donne de moins en moins car je suis de plus en plus fatiguée. Fatiguée de tout ce non-sens, ces normes absurdes, des obligations édictées par des personnes obsédées par la rationalisation, ne connaissant pas toutes les subtilités de notre métier – ou qui les ont oubliées depuis qu'ils sont aux postes de direction. »

Les nouveaux outils de gestion, créés pour tracer et rationaliser l'activité dans le but de rentabiliser le travail, ont ainsi des effets délétères sur la santé mentale, pas seulement au niveau individuel, mais au niveau sociétal, engendrant globalement de nouvelles normes et nouvelles façons de penser. Les professionnels ne s'y retrouvent plus, le décalage entre ceux qui sont sur le terrain et les concepteurs est de plus en plus grand.

Les paradoxes, sources de fatigue mentale

Vincent de Gaulejac affirme que les nouvelles contraintes, notamment celles relatives à la gestion du travail, produisent des paradoxes, pourtant répétés à l'envi : « Faire plus avec moins », par exemple. Dans ce contexte, les capacités psychiques, émotionnelles, réflexives des travailleurs sont déroutées. C'est comme si l'intériorité même des personnes étaient dévorée, kidnappée par les exigences d'efficience de l'activité.

Pour comprendre l'impact néfaste sur la santé mentale, et son corollaire, la fatigue, faisons un bref détour par la psychiatrie.

Gregory Bateson, chercheur et pionnier dans bien des domaines, est à l'origine d'une nouvelle façon de considérer la schizophrénie : elle serait une réponse normale (dans le sens ici de « logique ») à un environnement pathologique, produisant des interactions étranges (du style « Je veux que tu m'appelles spontanément ») où aucune issue normale n'est possible (soit on se conforme à la partie de la phrase « Je veux que » et du coup on n'est pas spontané, soit on est spontané et dans ce cas on ne peut obéir à un ordre donné). Le sujet devient malade à cause des injonctions paradoxales auxquelles il est confronté, de la part de ceux avec qui il a un lien vital, et il tente de s'y adapter en devenant schizophrène : puisque le système est fou, la réponse logique est inopérante, donc devenir fou est une « bonne » réponse. La schizophrénie devient, dans cette optique, une réponse adaptée à une structure malade ; Bateson parle de « double lien » pour définir la particularité de ce rapport au monde.

Dès lors, ce regard porté sur la personne change son lien à l'environnement ainsi que celui du thérapeute. Cette optique diffère complètement de l'approche cartésienne héritée de la psychiatrie classique. La personne du schizophrène n'est pas dissociable du contexte familial et social dans lequel elle évolue depuis sa naissance.

Appliqué au monde du travail, cela explique le malaise profond et l'impossibilité de nombre de personnes d'avoir le recul nécessaire, et même la possibilité d'entendre un discours destiné à temporiser leur engagement. Les paradoxes produits par ces injonctions épuisent, car on tente de comprendre et d'appliquer quelque chose d'impossible.

Maïlo est content car il a réussi à négocier une augmentation à la suite d'un entretien avec son patron. Celui-ci l'a félicité pour son engagement et son efficacité au travail – lui qui pourtant a mis trois années à l'augmenter, malgré les bénéfices colossaux réalisés et des recrutements organisés pour étoffer l'équipe. Il lui propose de réaliser cette augmentation en deux fois : 50 % à la fin de l'année, et 50 % début avril.

Cependant, sur son bulletin de salaire début mai, pas de trace d'augmentation. Il réclame par courrier son dû à son patron. Ce dernier l'appelle et lui dit que, la société traversant une période difficile, il doit être compréhensif : son augmentation est juste différée de quelques mois. Maïlo refuse fermement, affirmant que c'est une question de principe, que la société s'était engagée auprès de lui. « Tu prends trop les choses à cœur, Maïlo, lui rétorque son supérieur hiérarchique. Tu devrais prendre plus de recul. »

Maïlo, le lendemain de cet appel téléphonique, n'arrive pas à se lever, submergé par une angoisse qu'il n'a jamais connue.

Cette situation illustre bien ce que nous venons d'expliquer : la société demande (implicitement) à Maïlo de prouver son engagement, ce qu'il fait en travaillant beaucoup, souvent le soir et parfois des week-ends, ne comptant pas ses heures et ce, pendant trois années. Il montre ainsi son implication, condition *sine qua non* pour qu'il puisse y rester « dignement et la tête haute ». Alors qu'il ne fait que réclamer ce que son entreprise s'est engagée à lui verser, on lui reproche son « excès d'engagement », qualité pourtant hautement requise pour qu'il puisse prétendre conserver et enrichir son poste. Ce paradoxe, qui fait suite à d'autres, lui coupe d'un seul coup toute possibilité de se défendre, de résister à la pression et surtout, à « l'engluement et au dégoût » qu'il ressent au plus profond de lui. Il n'a plus de possibilité de verbaliser ce qui lui arrive.

Le problème, c'est qu'au lieu de s'insurger contre cette impossibilité, on se dit que l'on est incapable, incompétent, pas adaptable, et qu'on risque de perdre son travail. Cela expliquerait l'« épidémie » d'épuisement, de burn-out, de fatigue chronique au travail.

Avec la révolution numérique, chacun emporte son Smartphone et/ou son ordinateur à la maison : « Nous sommes libres de travailler vingt-quatre heures sur vingt-quatre », « Plus on gagne du temps, moins on en a », disent les salariés. Cette liberté est un leurre qui flatte l'ego et nourrit l'illusion qu'il nous revient à nous, individus isolés mais travaillant ensemble, de produire ce qu'on demande, et qu'une bonne organisation de notre part suffit à cette réalisation.

L'émotionnel n'étant pas ou insuffisamment pris en compte dans cette organisation du travail coupée de la réalité du terrain, les discours managériaux sont souvent désincarnés et en dehors de toute logique humaine, creusant des écarts et générant l'incompréhension, l'épuisement.

Être rentable, encore et encore

Même chez les médecins en structure hospitalière, souligne Gaulejac, la TAA (tarification à l'activité) empêche de soigner les gens comme ils l'entendent : ils doivent être rentables, et rendre des comptes sur leurs choix. Dans les universités, les chercheurs sont évalués non pas sur la qualité de leurs recherches mais sur le nombre d'articles publiés. Aujourd'hui, il n'y a plus de métier qui ne se doit pas d'être « rentable », selon des critères économiques.

C'est malheureusement le cas de toutes les personnes qui ont vécu un burn-out : comme une sorte de gouffre mental, celui-là semble avoir absorbé l'énergie du sujet, qui ne peut plus évoquer cet épisode de sa vie sans ressentir dans son corps cette « aspiration » qui l'angoisse au plus haut point. Vivre un burn-out est un trauma, souvent banalisé. Au nom de la rationalité, que les chercheurs nomment « prescription » (en opposition à ce qui est vécu), on perd le sens de ce qui jadis faisait sa fierté d'exercer son métier.

Gaulejac observe que l'un des effets de cette rationalisation poussée à l'extrême est la tricherie : on travestit la réalité. J'ai ainsi rencontré et accompagné des personnes, perdues dans leur vie, épuisées, qui avaient cédé à ces injonctions ou s'en étaient rendues complices, de peur de se voir licenciées. Et même en se soumettant, elles l'ont finalement été.

Tout cela pèse lourdement sur les salariés comme sur les professions libérales, et n'est pas sans conséquence sur l'estime de soi.

Burn-out, la grande fatigue

Cet « inachèvement » du travail provoque de la fatigue mentale, car il ne permet pas de donner du sens à ce que l'on fait, et recommencer chaque jour dans cette configuration use le corps comme l'esprit. Du reste, le terme anglais *to burn out* signifie littéralement « se consumer ». La personne se consume au travail, épuisant ainsi ses ressources physiques et psychiques. L'Organisation mondiale de la santé (OMS) le définit comme un « sentiment de fatigue intense, de perte de contrôle et d'incapacité à aboutir à des résultats concrets au travail ».

Lorsqu'on évoque le burn-out, on pense tout de suite à cette volonté de performance qui le précède. Gaulejac émet également une réserve sur cette performance : en effet, laquelle ? Pour qui ? Pour quoi ? Pour servir quels types de buts et de personnes travaille-t-on là où l'on travaille, et de la manière dont on le fait ? Tout cela ramène encore une fois au sens de nos actions.

Pourquoi Aurélie travaille-t-elle, puisqu'on ne la valorise pas sur ce qu'elle sait bien faire mais sur une performance dans laquelle elle ne se reconnaît pas ? Pourquoi Ginette travaille-t-elle toujours plus, alors que la structure pour laquelle elle œuvre depuis trente ans ne reconnaît ni la cohérence de sa mission ni son dévouement et les conséquences bénéfiques pour la fondation ? Pourquoi Maïlo continuerait à s'engager au travail si la réciproque n'est pas vraie ? Comment peut-il continuer à croire en les autres, et en lui ?

Les moments en famille ou entre amis se raréfient avec ce leurre « qu'un jour, bientôt, tout sera terminé, et alors, tu pourras te reposer, ou faire autre chose ». En fait, ce n'est qu'une illusion à laquelle Ginette, ou Aurélie ont cru un temps. Car rien ne sera jamais terminé. Et lorsque, pour un mot, un geste, une situation, tout s'écroule car il n'y a soudain plus de sens ni de soutien, c'est l'effondrement : c'est le burn-out.

Gaulejac le rappelle[1] : au temps de Taylor (connu pour avoir grandement contribué au développement de l'organisation scientifique du travail, ou OST, qui consiste en une parcellisation des tâches, en vue d'un rendement optimal), il était demandé un investissement[2] physique absolu, chaque geste était étudié pour être rentabilisé, étudié au plus simple et opérationnel possible, dans un but de profit. Aujourd'hui, il est demandé un investissement sans faille, qui cette fois est psychique et sous-entend une forte motivation mais dont, bien sûr, l'individu doit savoir se détacher quand cela arrange l'organisation[3] (« Investissez-vous à fond, mais restez dans la mesure »), ce qui est en réalité impossible.

Les conflits intérieurs

La personne vit en elle-même ce conflit entre la force qui la pousse à donner ce qu'elle a de meilleur et qui la

1. https://www.youtube.com/watch?v=SnFsq08gsTg
2. Gaulejac rappelle le double sens, psychologique et financier, de ce mot.
3. Paula Marchioni, *N'en fais pas une affaire personnelle*, Eyrolles, 2020.

« narcissise » (c'est du moins la promesse qui motive cet investissement), et ce qui résiste en elle parce que cela crée des tensions psychiques, des conflits, des frustrations. Or, précisément, choisir de ne plus sentir, choisir de ne plus être attentif à ce que l'on ressent et pense est générateur de souffrance à moyen et long terme.

On se détache de soi-même, de sa sensibilité, on devient indifférent pour se protéger. Le conflit n'est plus, contrairement au temps de Taylor, entre ceux qui conçoivent et ceux qui produisent, il est psychique, et niché à l'intérieur de soi.

L'« affaire Naomi Musenga », cette jeune femme de vingt-deux ans morte après avoir à plusieurs reprises appelé le Samu, dont l'opératrice n'avait pas pris au sérieux la plainte, nous rappelle que les conditions de travail ont une incidence sur l'humeur et le professionnalisme. Que, dans ce genre de travail, il est insuffisant de ne regarder que la performance sans se soucier régulièrement ni de l'état de santé mentale, ni de la formation des ARM (agents de régulation médicale, autrement dit les personnes prenant les appels), ni de leur soutien régulier[1].

« Ça suffit de porter toujours le chapeau pour le système. On est sous pression en permanence. On travaille douze heures d'affilée. Ce sont des conditions de travail qui sont pénibles. Je peux rester deux ou trois heures accrochée à mon téléphone, parce que je n'ai pas le temps de me lever tellement ça déborde de partout.

1. https://www.lci.fr/social/samu-qu-est-ce-qui-a-change-depuis-l-affaire-naomi-musenga-2138936.html

Quand on passe en procédure dégradée parce qu'il y a beaucoup plus d'appels que de monde censé les gérer, on n'y arrive pas. On raccroche et on décroche[1] ! »

Le porte-parole des médecins urgentistes de France, Christophe Prud'homme, souligne que dans le même temps : « On ferme aussi des Samu, et on concentre dans des centres d'appels régionaux qui sont loin du terrain[2]. »

Plus choquant, le directeur de l'hôpital confirme que le « planning de l'opératrice était conforme[3] ». Il n'y a pas d'accord entre les parties quant à la réalité des conditions de travail. On oscille entre accusation individuelle, symptôme psychosocial (le fameux « syndrome méditerranéen », stéréotype culturel à dimension raciste, considérant que les personnes du pourtour méditerranéen exagèrent leurs symptômes ou l'expression de leur douleur, entraînant une défaillance dans leur prise en charge médicale) et dégradation d'un système de soins, fondé uniquement sur le rendement. Lorsque l'on sait que c'est le même nombre de personnes qui répondait à 10 millions d'appels qui répond aujourd'hui à 30 millions, *dixit* le président de l'association des médecins urgentistes de France[4] (Amuf), on peut légitimement s'interroger sur ce qu'est un « planning conforme ».

Comment se fait-il qu'un tel aveuglement, au nom de la rationalité, puisse coexister avec les responsabili-

---

1. https://www.leparisien.fr/societe/mort-de-naomi-l-operatrice-craint-de-porter-le-chapeau-pour-le-systeme-14-05-2018-7714617.php
2. https://www.lci.fr/social/samu-qu-est-ce-qui-a-change-depuis-l-affaire-naomi-musenga-2138936.html
3. https://www.rtl.fr/actu/justice-faits-divers/mort-de-naomi-musenga-on-est-sous-pression-en-permanence-se-defend-l-operatrice-7793373949
4. http://www.slate.fr/story/161521/naomi-samu-strasbourg-lecon

tés humaines ? Comment trouver normale, sans en voir ou en comprendre les effets délétères, une organisation du travail qui demande toujours plus avec moins, augmentant les objectifs tout en ignorant les souffrances, visibles, des salariés, incriminant la sensibilité personnelle trop forte ou une fragilité personnelle, etc. ? Il semblerait que cette vision arrive à son paroxysme, générant un mur infranchissable car comme coupé de toute intelligence sensible[1].

Ces organisations du travail créent de la fragilité et de l'épuisement car elles génèrent une activité sans fin, comme celle du hamster dans sa roue. On avance, tout le monde avance pour être dans la course, il faut continuer, ne pas s'écouter. Et si, d'aventure, on y prête attention, on peut décider de « ne plus y penser », de nier son corps et ses conflits internes, pour ne pas s'écrouler.

Du moins pas tout de suite.

> Et vous ? Où en êtes-vous dans votre travail ? Avez-vous conservé des activités de loisir ou bien les avez-vous supprimées pour pouvoir davantage travailler et mener vos missions à leur terme ? Qu'aimeriez-vous faire qui vous est impossible actuellement, faute de temps ? Quelle serait la plus petite permission à vous donner pour effectuer un premier pas dans cette direction ?

1. Terme utilisé par Christine Cayol, philosophe, auteure de *L'Intelligence sensible*, Village mondial, 2003.

Le mécanisme du burn-out

Selon Christina Maslach, psychologue américaine, le burn-out comporte trois dimensions :

- La première concerne le sentiment d'épuisement des ressources émotionnelles. La personne se sent vidée nerveusement, ne réalisant ainsi plus les tâches quotidiennes qu'elle réalisait auparavant. Il y a comme une érosion émotionnelle.
- La deuxième est la dépersonnalisation. Elle fait référence aux attitudes détachées, cyniques, négatives que le professionnel manifeste auprès de ses patients/clients ou collègues.
- Enfin, le manque ou la réduction de l'accomplissement personnel renvoie à l'autodévalorisation et à la perte d'estime de soi[1].

Corinne, cadre supérieure dans une grande banque française, raconte qu'un jour, en comité de direction, le directeur (un « grand pervers narcissique[2] », précise-t-elle) les regarde un par un en disant : « Qui est fatigué ici ? », alors qu'un des membres de ce comité venait d'être arrêté pour plusieurs semaines par suite d'épuisement. « J'étais glacée, raconte Corinne. Tout le monde avait très peur de lui. Nous n'osions rien dire, le couperet pouvait tomber d'un coup sous forme d'une humiliation, rétrogradation, gros projet à traiter sans tenir compte de nos impératifs déjà nombreux… J'étais moi-même épuisée et à l'aube

1. https://dumas.ccsd.cnrs.fr/dumas-02044005/document
2. Lire à ce sujet l'excellent ouvrage d'Anne-Clotilde Ziégler *Pervers narcissiques. Bas les masques !* Solar, 2018.

d'un burn-out qui s'est manifesté un peu plus tard par une déchirure anale… à force de me retenir, de ne pas tenir compte de la constipation chronique qui m'habitait, à force de me taire pour garder mon poste. Quelques jours après son discours, ce directeur a lui-même sombré. Mais rien n'a changé pour autant. »

Se taire et ne pas tenir compte des signaux de son corps exacerbe la fatigue, qui devient une compagne familière. On fait avec elle, elle est là, elle est acceptée, intégrée comme une normalité. À force de ne pas écouter son corps qui criait pourtant son mal-être, Corinne a dû s'arrêter brutalement, d'une façon violente et douloureuse aussi bien mentalement que physiquement.

Bore-out : peut-on être fatigué de ne rien faire ?

Mais la fatigue n'est pas forcément corrélée à l'intensité et la force mobilisées pour réussir un travail. Éric Fiat rappelle que l'on peut être épuisé de ne rien faire. Lorsque l'ennui est quotidien, il peut devenir insupportable. C'est ce que l'on nomme aujourd'hui le « bore-out ». Il est également un syndrome d'épuisement professionnel, dû à l'absence d'activité et de but comme dans le cas d'une placardisation. Anxiété, fatigue, déprime sont le lot de ce nouveau syndrome, dont on a difficilement le droit de se plaindre, quand tant d'autres travaillent sans relâche, tentant comme ils peuvent de faire face à la « réduction des effectifs ». Ces deux fatigues sont-elles identiques ? Pas exactement, mais elles conduisent toutes les deux à cette même forme de lassitude, qui est à différencier de la fatigue. Cette forme de découragement chronique va au-delà du corps ou du psychologique, car il s'agit de l'existence elle-même, de ce que nous appelons plus communément l'« âme ». On peut être épuisé sans être las, parce qu'on continue à donner du sens à ce que l'on fait. L'absence de sens nous fait revenir à l'ennui, à l'absurde, au dégoût, à l'écœurement, à la dépression. C'est tout le sens de la vie qui est affecté.

Ainsi, on peut être à la fois en quête d'une identité correspondant à nos idéaux familiaux et professionnels, tout en étant prisonnier d'un mode de fonctionnement « Velcro® » sans parvenir à en sortir.

Une fatigue particulière : la fatigue d'empathie

Certaines catégories socioprofessionnelles sont particulièrement exposées à ce type de fatigue. Les soignants, policiers, avocats et juges, travailleurs sociaux et aussi enseignants peuvent être atteints d'une fatigue professionnelle, particulière, caractéristique de l'état de stress traumatique dit « secondaire » (STS), dû aux récits difficiles qu'ils entendent et aux situations souvent éprouvantes auxquelles ils sont confrontés. L'usure d'empathie se manifeste par une combinaison variable entre les symptômes du STS et le burn-out[1].

1. Thèse de médecine soutenue en septembre 2018 par Julien Derdour-Campos, faculté de médecine de Caen.

S'épuiser par trop d'écoute et d'empathie

Elle concerne surtout les professionnels prenant en charge la souffrance des autres. Avec le temps, ils ne ressentent plus d'émotion pour ceux dont ils s'occupent, en raison de l'épuisement de leurs ressources à pouvoir éprouver de la compassion. Elle existe aussi dans le cadre privé lorsqu'on ne met pas de limite à l'empathie, que l'on s'occupe d'un membre de la famille ou d'une personne proche, par exemple.

C'est ce processus psychique que Frankl décrit bien dans ses ouvrages, quand il décrit l'enfer des camps de concentration qu'il a connu.

« Il est normal de réagir anormalement à une situation anormale. [...] Au début, lorsqu'un prisonnier voyait ses confrères subir un châtiment quelconque, il détournait la tête ; il ne pouvait supporter, par exemple, de voir ses camarades faire les cent pas dans la boue, roués de coups, pendant plusieurs heures d'affilée. Mais après quelques jours ou quelques semaines, cet état d'esprit changeait. [...] Le prisonnier qui était passé à la deuxième étape de ses réactions psychologiques ne détournait plus les yeux. Il était devenu insensible aux émotions, indifférent à tout. [...] Si je n'avais pas été surpris par ce manque d'émotion d'un point de vue professionnel, je n'aurais gardé aucun souvenir de l'incident[1]. »

Cette fatigue d'empathie finit par engendrer de l'indifférence à la souffrance d'autrui. Elle est presque

1. Viktor Frankl, *op. cit.*, pp. 32-38.

impossible à reconnaître si on n'a pas conscience qu'elle existe. Dans certains services hospitaliers, très difficiles (cancers, grands brûlés), on est particulièrement attentif aux signaux présents chez le personnel soignant afin d'assurer un turn-over approprié et surtout protecteur pour tout le monde.

Ce type de fatigue a toutefois son pendant chez tout un chacun, et ce, même si l'on n'est pas soignant : par exemple, si on écoute ses amis dans la galère des heures durant et de manière répétée. C'est ce que l'on nomme communément « syndrome du sauveur ».

Le syndrome du sauveur

Si vous êtes naturellement empathique, voir que certains de vos proches ne vont pas bien vous turlupine. Bon, il est vrai que ce sont toujours un peu les mêmes qui se plaignent, un peu toujours des mêmes choses… mais on est ami pour les bons comme pour les mauvais moments aussi, alors vous écoutez… parfois au-delà du raisonnable ou de vos forces ou de votre capacité d'attention. « Certaines fois, me confie Virginie, à la suite d'une longue écoute attentive, je passe du temps à remonter le moral de certains amis, donner des conseils, mais leur moral n'est jamais vraiment remonté, et les conseils pas vraiment (quand ce n'est pas, pas du tout) suivis, et tout cela m'épuise… »

Cette écoute est en réalité un point faible chez vous, si vous sentez que vos amis vous pompent votre énergie, que vous ne savez pas leur dire non et penser un peu plus à vous. Parfois, un peu d'égoïsme est salutaire, lorsque l'accumulation de fatigue et la mobilisation que les autres vous demandent deviennent trop envahissantes dans votre sphère mentale.

> Souffrez-vous du syndrome du sauveur ? Avez-vous l'impression que vos amis (vos enfants, votre mari, vos collègues...) passent leur temps à se plaindre, et que vous passez le vôtre à leur remonter le moral ? Vous écoutent-ils de temps en temps ?
>
> Faites un point global sur vos amitiés, et vos relations en général. Quelles sont les réciprocités que vous observez ? Certaines vous paraissent-elles à sens unique ?

Ce comportement a des airs altruistes, mais ne l'est pas. Il est au contraire un mécanisme défensif pour compenser un manque d'estime de soi, une tentative pour récupérer de l'attention et de l'amour d'autrui. C'est d'ailleurs pour ça que dire non est si difficile : cela vient toucher nos sphères profondes, nous ébranler, nous remplir de honte et de culpabilité. Si vous constatez cela dans votre vie, je vous recommande de consulter un psy (-chologue, -chopraticien, -chothérapeute…) qui saura vous aider. Ou bien, si vous estimez – et ce peut-être à juste titre – devoir mieux entraîner votre écoute, suivez des enseignements, des stages sur l'écoute active, la Communication Non Violente® et osez davantage dire votre vérité.

Charge mentale et charge morale : les « nouvelles » fatigues des femmes ?

« Fallait demander » : la charge mentale des femmes

La charge mentale, introduite dans les années 1980 dans le champ de la sociologie du travail, et pendant de la « charge physique[1] », permet de décrire les pressions exercées sur le psychisme dans l'activité professionnelle. En 1984, la sociologue Monique Haicault l'utilise pour la première fois dans la sphère domestique, pour se référer à la « journée redoublée » des femmes qui enchaînent travail au bureau, soin des enfants et tâches ménagères. La particularité de la charge mentale des femmes vient de la nécessité d'avoir à gérer quotidiennement ces deux espaces-temps (avec des rythmes, des horaires, des échéances) inextricablement enchevêtrés. En 1996, la sociologue Susan Walzer écrivait « Thinking about the baby », un article dans lequel elle traitait de la part invisible du travail domestique, en soulignant la féminisation préférentielle de la charge mentale lors de l'arrivée d'un enfant dans le foyer. Cette forme de soin a un impact particulier sur la reproduction des inégalités et sur l'accroissement des tensions au sein du couple.

En France, la notion de charge mentale a connu un succès populaire inattendu avec la bande dessinée

1. « Calendrier des sciences humaines et sociales », journée d'étude organisée par le Cerilac (Centre d'études et de recherches interdisciplinaires de l'UFR lettres, arts, cinéma), en partenariat avec l'université de Paris-Diderot, coordonnée par la maîtresse de conférences Sylvie Patron.

d'Emma, *Fallait demander* publiée sur Facebook en mai 2017. « La charge mentale, c'est le fait de toujours devoir y penser. Penser au fait qu'il faut ajouter les coton-tige à la liste des courses, que c'est le dernier délai pour commander le panier de légumes de la semaine, et qu'on est en retard pour les étrennes du gardien[1]. » On parle aussi de l'« ubiquité mentale des femmes ». Cette nouvelle fatigue peut mener au burn-out maternel.

En outre, les femmes sont concernées par le « *care* », comme on dit maintenant, c'est-à-dire le soin aux autres. Les hommes ne sont pas éduqués dans ce sens. La fatigue des femmes est donc bien réelle et plus intense que celle ressentie et vécue par les hommes.

> Prenez du temps pour lister tout ce à quoi vous devez penser, entre le moment où vous vous levez et le moment où tout le monde est parti (au travail, à l'école, à la crèche...), *grosso modo* entre 6 heures et 9 heures.
>
> Pensez à votre conjoint : comment évaluez-vous sa participation ? Cela a-t-il une conséquence sur votre vitalité, votre moral, votre couple ? Faites le point le plus sincèrement possible, et si possible engagez une discussion sur ce sujet.

Avec les problèmes environnementaux que nous traversons, les questions et incohérences, que ne manquent

1. Emma, *Fallait demander*, en ligne : https://emmaclit.com/2017/05/09/repartition-des-taches-hommes-femmes, également édité dans : *Un autre regard*, vol. 2, Paris, Massot, 2017.

pas de relever les enfants, sur les comportements quotidiens (« Tu dis que le plastique, ça pollue, mais tu achètes plein de bouteilles d'eau »), la charge morale vient s'ajouter à celle que nous venons d'évoquer.

La nouvelle charge morale des femmes

Celle-ci consiste à éduquer les enfants à l'écologie et à instaurer de nouvelles pratiques au sein de la famille. La charge morale comprend les petits gestes du quotidien : pour être écolo, il faut tout le temps prévoir. Penser aux sacs à apporter au supermarché bio (donc anticiper en permanence), stocker dans des boîtes en verre avec un système de pompage pour optimiser la conservation (donc songer à en acheter, et surtout savoir où en trouver), penser à conserver les épluchures pour concocter des bouillons vitaminés, penser à apprendre comment fabriquer sa propre lessive, revoir la façon de nettoyer la maison et faire ses propres produits ménagers, apprendre de nouvelles recettes équilibrées et végétariennes (pour éviter d'habituer les enfants à manger de la viande tous les jours), acheter bio et de saison.

Comme la charge mentale, la charge morale pèse sur les femmes de façon quasiment exclusive, induisant de la culpabilité à cause de la pression sociale (« Comment ? Tu ne fais pas ton savon toi-même ? ») et des manquements éducatifs induits « par sa faute ». Avec beaucoup d'humour et de vérité, une jeune youtubeuse, Coline, nous livre combien cette charge la fatigue[1]. Elle raconte comment son compagnon, lorsqu'elle est à bout et se

1. https://www.youtube.com/watch?v=tFK_wFQMRoo

confie sur sa fatigue et son découragement, lui « remonte le moral » en lui disant : « Ça va passer. » Bref : tout se déroule comme si les femmes se préoccupaient davantage du sort de la planète que leurs homologues masculins. Pourtant, c'est bel et bien une tâche de plus de se préoccuper de l'écologie au foyer quand on est mère à plein temps et que l'on travaille… à plein temps également. Car, le plus souvent, une jeune maman n'a pas le temps, or, étant donné que cette charge lui incombe « naturellement », cela induit de la culpabilité sociale.

Une étude américaine, éditée par le *Journal of Consumer Research* en décembre 2016, conclut que l'écologie est associée à une image féminine, et les hommes, plus préoccupés que les femmes par le maintien de leur identité de genre, tendent de ce fait à éviter les comportements écologistes pour préserver leur image virile. La peur du jugement et de la stigmatisation peut expliquer le peu d'implication des hommes dans l'écologie[1].

Prenez du temps pour lister tout ce à quoi vous devez penser, au niveau de la charge morale, pour la journée. Et pour la semaine ? Globalement, pour l'année, qu'avez-vous prévu ?

Pensez à votre conjoint : comment évaluez-vous sa participation ? Cela a-t-il une conséquence sur votre vitalité, votre moral, votre couple ? Faites le point le plus sincèrement possible, et engagez une discussion sur ce sujet.

1. https://academic.oup.com/jcr/article-abstract/43/4/567/2630509?-redirectedFrom=fulltext

Un mouvement datant des années 1970, appelé « écoféminisme », est toujours vigoureux aujourd'hui. Faisant le lien entre la domination des femmes et celle de la nature, il rassemble des personnes militant pour la réhabilitation des femmes dans la société, la réappropriation de leur corps, de leur travail, et la préservation de la nature.

Il est temps de penser autrement notre monde, épuisant pour la plupart des femmes, qui portent le poids moral et mental de la société. Comme si le temps ne nous appartenait plus.

5

À la conquête du temps perdu

Lorsque nous étions enfants, nous avions l'impression que le temps passait lentement, très lentement. Au fur et à mesure de la vie, au contraire, il semble manquer, nous échapper parfois. Pourtant, objectivement, il est le même.

Depuis l'école, on nous a répété que travailler est bon pour la santé. Cela ne vaudrait pas uniquement pour le travail en lui-même, mais aussi pour le sens qu'il donnerait à la vie et la structuration du temps qu'il permettrait. C'est un refrain que nous avons toujours entendu, l'inaction attirant les vices de la paresse, l'oisiveté, voire la luxure. Nous en avons conclu que travailler tout le temps serait encore meilleur pour la santé. La frénésie s'est ainsi emparée de nous. Nous faisons moins d'heures effectives, mais nous multiplions les projets et l'occupation mentale. Notre cerveau est plein. Nous nous plaisons à penser que la technologie nous a libérés de l'asservissement et que nous sommes plus libres qu'avant – entendez : avant les ordinateurs et l'ère numérique. Est-ce si vrai en réalité ?

L'invention du temps rentable

Depuis notre enfance, nous portons des montres, et nous croyons que cela a toujours existé. Nous avons appris que le temps était monnayable, et, lors de notre orientation de carrière, nous nous sommes peut-être demandé comment nous pourrions nous occuper, en combinant le travail au sens que nous voulions donner à notre vie ? Cela est si vrai que tout le paysage de l'orientation des jeunes s'est transformé : davantage de choix, valorisation de l'« année de césure » (l'année sabbatique des étudiants), services proposés par des accompagnants spécialisés pour aider les jeunes – et les moins jeunes aussi du reste – à choisir LEUR orientation professionnelle. Car personne n'a envie de s'ennuyer ou de perdre son temps, et aujourd'hui, il semble que cela soit davantage possible qu'hier.

Seulement, le temps s'est accéléré à notre insu. Beaucoup plus que nous avions pu l'imaginer. Nous n'avons rien vu venir. Aujourd'hui, nous nous retrouvons à gérer mille et une choses, et nous n'y arrivons plus : travailler, réserver ses vacances sur Internet, commander pour se faire livrer, réserver ses billets de train… Épuisement, burn-out, *karoshi* (pour les Japonais), tout semble exploser. Ou imploser, c'est selon. Nous ne maîtrisons plus grand-chose. Le temps est devenu un élément central dans notre société. Sous l'égide de Chronos, dieu du Temps dans la mythologie grecque, qui nous rappelle que la vie est un compte à rebours au bout duquel il y a la mort. Il faut se dépêcher de vivre.

Et nous ne savons que faire ni comment faire, car nos cerveaux sont remplis à ras bord, nous sommes mentalement épuisés. Mais de quoi ?

Avant que notre temps soit régi par des horloges, pendules et autres montres, nous nous repérions aux étoiles et à la course du soleil. Et ce n'est pas si lointain.

En 1850, le temps universel n'existait pas. Si on voyageait aux États-Unis, chaque ville fonctionnant avec son propre fuseau horaire, il fallait régler sa montre deux cent vingt fois[1] ! Chaque fois que l'on prenait le train, on traversait un espace-temps différent. Cela paraît incroyable aujourd'hui. Mais, avec l'intensification du trafic ferroviaire, la circulation sur les rails devint complexe à gérer avec des horaires différents d'une ville à l'autre. Les collisions devinrent aussi plus fréquentes, jusqu'en août 1853, où un accident spectaculaire fit de nombreux morts ; une révision des fuseaux horaires fut alors engagée, et notre temps est devenu universel. L'horloge parlante est née en 1933, afin que chacun puisse, à tout moment, s'ajuster à la bonne heure.

Avec l'avènement de la société industrielle et le capitalisme, on s'est demandé comment optimiser le temps, amorçant une réflexion sur sa valeur : des ingénieurs spécialisés ont commencé à mesurer les séquences de travail en mouvements chronométrés. Des gains, des pertes, des coûts de revient peuvent être alors savamment calculés. On cherche au maximum à rentabiliser

1. Voir à ce sujet le superbe documentaire de Cosima Dannoritzer, *Le temps, c'est de l'argent*, Arte, 2018.

le temps, jusqu'au repas des ouvriers. Charlie Chaplin, dans la scène célèbre des *Temps modernes* où il doit tester un nouveau dispositif destiné à faire gagner du temps aux ouvriers de l'usine, nous fait pleurer de rire en imaginant l'emballement de la machine qui, à la fin du repas, le laisse, exsangue, tomber d'épuisement[1].

Jeune psychosociologue, j'ai été chargée de mission à l'Inserm, en 1990, d'une étude où il était question de la dextérité accrue des femmes ayant des enfants en bas âge : on y expliquait qu'une ouvrière était d'autant plus habile pour des petits mouvements des doigts (travaillant donc plus vite) qu'elle était inquiète à propos d'un enfant malade. L'étude concluait qu'une femme avec un enfant malade pouvait être un avantage pour l'entreprise, dans ce cas précis. Fallait-il s'en réjouir ou bien s'en offusquer ?

Lorsque le cynisme rejoint la notion de productivité, on peut se demander si le gain de temps est toujours rentable ? C'est pourtant bien la logique de rentabilité qui gouverne notre monde moderne, mais ne pouvons-nous y faire intervenir d'autres paramètres régulateurs pour forger un univers où chacun trouvera son compte, dans une coopération gagnante et vertueuse ?

Le temps, est-ce toujours de l'argent ?

Le temps est la notion la plus subjective qui soit, et on l'a transformé en argent.

1. https://www.youtube.com/watch?v=6_9qNgNGfPE

Grâce à cette monétisation, on paie notre place de parking (puisque les places se raréfient, et ce qui est rare se paie cher…), les autoroutes, le temps d'attente au téléphone… Dans ce contexte, que signifie « prendre du temps » ? Qu'y a-t-il derrière l'expression désormais populaire « commerces non essentiels » ? Nos besoins se réduisent-ils à notre efficacité, à notre capacité de rendement ? Il semble que nous ayons profondément intégré cette idée.

Valérie a été licenciée après vingt années passées dans son entreprise. Elle a décidé de se reconvertir et de devenir coach, pour accompagner managers et d'une façon générale, toute personne éprouvant un malaise dans son entreprise et souhaitant changer de métier, de perspective. Elle s'inquiète toutefois de savoir comment trouver des clients et faire de l'argent[1].

Comme je connais bien la question, en tant que professionnelle indépendante, je la conduis doucement à la réflexion autour des vacances et du repos, alors que l'on évoque un prévisionnel de ses gains à venir.

« Ah mais je dois prendre en compte que je ne suis pas payée pendant mes vacances. »

Je fais remarquer à Valérie qu'un tel raisonnement la fait rester dans sa vision salariée, et qu'elle s'imagine encore être rétribuée pour sa capacité à FAIRE. « Mais

1. Je reprends à dessein l'expression en anglais « *to make money* », qui montre bien l'aspect énergétique de l'argent lorsqu'on est en profession libérale, bien différente de « gagner de l'argent », qui revêt la notion de « gagner sa vie à la sueur de son front », évoquant des images ouvrières des années 1920, dont il est important de se dégager, surtout en France, pour libérer sa créativité et le plaisir lié au travail.

sur quoi d'autre puis-je être payée ? » rétorque-t-elle, surprise.

Tel est le grand saut à effectuer lorsqu'on passe d'un statut salarié à un statut libéral, et qui est si difficile à concevoir : se détendre fait partie du travail car l'activité fait partie d'un tout ! Le changement de perspective doit être total : pour faire, il est nécessaire de créer, et la créativité éclot dans la détente et l'espace, rarement sous la pression. Sinon, l'indépendance devient un salariat déguisé, et l'épuisement guette sans, cette fois, la sécurité et les assurances dont bénéficient les salariés. Cet arbitrage entre temps de production et temps de récupération est une des clés de voûte de la réflexion entrepreneuriale.

Le sommeil, une perte de temps ?

La logique « Le temps, c'est de l'argent » nous fait miroiter le fantasme de notre invincibilité. Tout étant toujours plus rapide (fast-food, livraisons en un temps record, Internet), nous pensons que notre nature peut s'adapter à ce rythme. Même le sommeil peut devenir un poids car il fait perdre du temps. Cette notion de perte et de gain fait référence à Chronos, qui est le temps linéaire, le temps qui passe et ne se rattrape pas. Mais pourtant, on ne cesse de courir après !

Le documentaire de la chaîne Arte, « Le temps, c'est de l'argent », nous raconte l'histoire suivante : au Japon, dans les années 1980, l'excès de temps passé au travail a créé une crise économique majeure. En effet[1], les gens ne prenaient pas leurs vacances et continuaient à travailler, par souci de perfectionnisme et d'engagement à l'égard de leur patron. La conséquence de cette activité ininterrompue est qu'ils ne dépensaient pas leur argent et cela a posé un sérieux problème à l'économie du pays, qui a donc décidé d'inciter à travailler moins pour consommer plus. Cela a fait entrer les Japonais dans un conflit de loyauté et une spirale de culpabilité. Au lieu de travailler moins, ils se sont dit que, si le pays était en difficulté, c'est qu'ils n'en faisaient pas assez. Alors ils se sont mis à travailler encore plus. Pour eux, c'était ainsi que l'économie de leur pays pouvait prospérer : encore et toujours plus de travail. Cela a inquiété les grands patrons japonais, qui voyaient leur personnel s'épuiser et qui ont eu peur de les voir mourir de *karoshi* (l'épuisement au travail) les uns après les autres, privant l'entreprise de leurs premiers « outils » de productivité : les humains qu'ils emploient. L'un d'eux a coupé Internet et l'électricité à 21 heures, pour que ses employés et cadres partent : ces derniers sont revenus travailler avec des lampes torches !

Un nouveau type de profession a vu le jour : consultant en réduction du temps de travail. Réapprendre à prendre du temps pour soi, à passer du bon temps avec ses enfants.

Ce qui existe au Japon aujourd'hui est déjà à nos portes.

Le surmenage ne peut mener qu'au burn-out, à l'AVC, au problème grave de santé. Le manque de sommeil

1. Et c'est là tout de même l'ironie du capitalisme – ou la bienheureuse logique de l'absurde – qui peut parfois nous tirer d'affaire lorsque les choses vont trop mal. .

entraîne des états dépressifs qui peuvent conduire au suicide.

Aux États-Unis, des budgets publics importants ont été alloués pour la recherche sur l'activité cérébrale du bruant à gorge blanche, oiseau migrateur capable de rester sept jours sans dormir en période migratoire[1], dans l'idée d'obtenir des connaissances transférables aux êtres humains. Initialement prévues pour être utilisées par l'armée, ces recherches peuvent trouver leur utilité dans le monde du travail, où une productivité toujours plus grande est requise. L'industrie pharmaceutique s'est bien sûr toujours intéressée à ces recherches, mais jusqu'où ira cette course effrénée ?

> Vous êtes-vous déjà surpris à penser que dormir vous faisait perdre du temps précieux ? Comment est l'état de votre sommeil ?
>
> Qu'avez-vous déjà tenté pour l'améliorer ? Vous mettez-vous la pression pour cela ?

Cette vision de l'homme mécanique et productif affecte tous les pans de notre société moderne, car elle sclérose notre imaginaire, assèche nos rêves et réduit nos perspectives comme nos audaces. Et surtout – et c'est tout le paradoxe – nous considérer comme invincibles et dénués de besoins humains nous épuise, dévitalisant nos forces physiques et mentales. Notre univers mental

1. Jonathan Crary, *24/7. Le capitalisme à l'assaut du sommeil*, La Découverte, 2013.

se restreint et tient dans un mouchoir de poche, alors même que nous avons la possibilité aujourd'hui de voyager loin.

L'invention du temps « acheté gratuitement »

On passe en moyenne quatre heures par jour sur les réseaux sociaux. Ce temps permet à ces derniers de monétiser nos centres d'intérêt et tirer profit de notre temps passé à discuter avec nos amis virtuels. Les produits signés Mark Zuckerberg, créateur de Facebook et propriétaire également de WhatsApp, Instagram, Messenger, sont en 2019 utilisés par 34 % de la population mondiale[1]. La surabondance de l'offre a créé une concurrence féroce entre les réseaux sociaux. Notre temps de cerveau disponible peut être récupéré en revenus publicitaires, ventes de données, et cela vaut des milliards d'euros.

C'est ainsi que notre temps et nos données sont devenus des biens d'une valeur importante. Mais, jusqu'ici du moins, ce n'est pas nous qui choisissons si nous voulons les dépenser ou pas.

Lorsque nous recherchons une information sur un moteur de recherche, nous offrons, mine de rien, notre temps, donc nos données. Mais nous ne pouvons plus faire autrement, pris dans le filet de la Toile et de nos obligations professionnelles.

1. https://www.marketing-professionnel.fr/parole-expert/marque-puissante-creation-valeur-facebook-201904.html

> Savez-vous combien de temps vous passez quotidiennement sur les réseaux sociaux ? Établissez-vous un lien avec la qualité de votre sommeil ? Si oui, quelles décisions avez-vous prises pour changer votre style et votre qualité de vie ?
>
> Si oui, tentez d'être sincère : vous sentez-vous si accro au Web que vous le faites primer sur votre santé ? D'ailleurs : faites-vous le lien entre santé et sommeil ? Entre santé et Internet ? Entre la qualité de votre sommeil et votre utilisation des réseaux sociaux ?

Tout cela fait partie, bien sûr, de notre nouvelle société. Le piège, c'est la frénésie que cela entraîne, l'impossibilité de nous freiner car notre cerveau est configuré ainsi : de surprise en surprise, nous pratiquons le *scrolling*, c'est-à-dire que nous déroulons notre page internet encore et encore, un sujet en entraînant un autre, et une heure ou trois heures plus tard, nous nous serons acharnés sur notre petit écran, coupés du monde qui nous entoure, notre attention happée, sans avoir réellement construit quelque chose. Pire : nous aurons peut-être fait une trouvaille et nous serons même offert un petit plaisir pour quelques euros (au moins), auquel nous n'aurions jamais pensé. C'est sympa, me direz-vous, un petit plaisir de temps en temps. Certes. Mais à force, de quel plaisir parlons-nous ? L'alcoolique vous dira qu'il boit par plaisir, le fumeur également. Est-ce vraiment le cas ?

Il faut bien finalement le reconnaître : nous avons perdu notre temps. Mais le réseau social ou le moteur de recherche sur lequel nous avons « scrollé », lui, a gagné des milliers d'euros pendant ce temps-là grâce à nous.

Avons-nous des dividendes là-dessus ? Non, au contraire : ils ont gagné de l'argent pour pouvoir mieux cibler ce qu'ils vont nous vendre. Et nous adorons ça en plus : obtenir des surprises, découvrir des choses que nous ne connaissions pas, même si elles nous fatiguent à force de défiler, même si elles sont parfaitement inutiles à notre bonheur.

Mine de rien, nous avons plongé à pieds joints dans l'univers de la consommation ; nous ressortons de là rarement galvanisés et vitalisés, mais plutôt épuisés, fatigués, éteints, mornes, souvent de mauvaise humeur car vaguement coupables.

Et pour la gestion de notre boîte e-mail, qui pratique le flot continu, c'est la même chose. Si nous tombons dans le piège de « répondre à tous » à chaque message groupé, c'est le gros plongeon dans la piscine aspirante du temps phagocytant et grignotant jour après jour notre attention fragile.

Le temps attentif, outil de consommation

Internet mais aussi d'une façon générale l'industrie de la consommation nous proposent d'être un client responsable et nous font croire que nous avons toujours le choix de faire des économies.

En effet, le temps que nous passons sur Google, par exemple, est du temps acheté par ce réseau social pour connaître nos centres d'intérêt et nous proposer par la suite des publicités ciblées et autres incitations à la consommation. Nous ne payons rien pour cela, c'est plus tard : Google, et les autres réseaux sociaux, sont en réalité des plateformes où nos moindres faits et gestes sont observés et où nos données sont revendues à des entreprises que nos passions peuvent intéresser, et qui ne manqueront pas dans un avenir proche de nous transformer en acheteurs.

Ainsi, plus nous passons du temps sur les réseaux, plus ces derniers gagnent de l'argent. C'est notre temps et notre attention qu'ils achètent. Et le piège se referme lorsque les entreprises, voulant gagner toujours plus et bénéficier de la technologie formidable qui libère l'humain du travail pénible (*sic*), remplacent des tâches autrefois réalisées par des employés (guichetiers, contrôleurs, pour prendre l'exemple des transports) par une série d'opérations à réaliser par le consommateur lui-même. On vous fait miroiter la liberté de vous organiser comme vous voulez pour réserver votre billet, l'annuler facilement, etc., alors qu'en réalité on vous vole du temps. Ces stratagèmes deviennent, à la longue, un véritable fléau car leur multiplication augmente notre charge mentale, surtout lorsque le réseau est saturé, le site en maintenance, la box en panne, etc. – et qu'il faut recommencer l'opération encore et encore.

Comment ignorer qu'aujourd'hui nous travaillons gratuitement à la place des employés licenciés et remplacés par des machines ? Continuons avec l'exemple du billet d'avion. Par exemple, depuis que nous commandons et imprimons nous-mêmes notre *boarding pass*, il faut en permanence prévoir des cartouches d'encre d'avance, vérifier préalablement que l'imprimante fonctionne. S'il n'y en a plus, l'inscrire sur la *to do list* et prévoir le temps qu'il faut pour aller dans la boutique… à moins d'avoir encore le temps de la commander par Internet ? Qu'est-ce qui est préférable ? La boutique informatique étant à l'opposé de la poste où on doit aller de toute façon, quelle est la meilleure décision ? Se poser pour réfléchir, même deux ou trois secondes. Avons-nous bien pensé à tout ? Décision prise : le magasin en dur est l'option la plus fiable. Mais dans ce cas, il faut s'y rendre aujourd'hui, car demain, c'est fermé.

Et désormais c'est comme ça pour tout.

La prochaine fois que vous irez sur Facebook, Google ou n'importe quel réseau social, comptez le nombre de publicités, pop-up et autres appels à la consommation. Faites une règle de trois pour définir le nombre d'appels à consommer par heure.

Avez-vous été tenté d'acheter un produit qui tombe à pic ? Si vous l'avez fait, combien de temps cela vous a-t-il pris ?

Dans quel état d'esprit êtes-vous après cet exercice ? Cela vous a-t-il fatigué ? Si oui, comment exactement ? Comment ressentez-vous cette fatigue dans votre corps ?

Pour effectuer un petit achat, vous devez créer un compte, puis entrer votre numéro de client, ce qui permet à la société à laquelle vous transmettez vos données de se les approprier, et vous lui offrez votre temps pour cela. Aucune rémunération n'est proposée. Nous sommes devenus des travailleurs à temps partiel : nous aidons les entreprises à nous utiliser pour s'enrichir.

Le problème, c'est que cette multiplicité de petites tâches nous épuise : entrer son numéro de client, se souvenir de son code secret, tout recommencer en cas de piratage, saisir des données avant de pouvoir commander sur Internet, ce qui représente quasiment la moitié du temps total pour effectuer un achat, prendre rendez-vous chez le médecin ou ailleurs en ligne, éteindre puis rallumer son ordinateur, et parfois sa box, garder du temps de concentration pour se méfier de cet e-mail qui demande de payer en urgence une facture dont le montant ne nous dit rien, comprendre la nouvelle procédure de déclaration de ses impôts… la liste est longue.

Sans compter que ces actions s'appliquent aussi au travail, avec des procédures numériques qui se multiplient. Oui, ce constat s'impose : on n'arrête jamais. Tout s'accélère.

Si nous avons des enfants, cela devient de plus en plus difficile de leur consacrer du temps surtout qu'ils sont eux aussi happés par Internet. Il nous faut alors comprendre leur façon de s'exprimer et de tchatter sur les différents réseaux sociaux pour interdire intelligemment, les sensibiliser à la lecture (nous qui lisons de moins en moins), au théâtre, les emmener jouer au ballon tout en pensant que c'est le dernier jour pour faire notre déclaration d'Urssaf, leur apprendre à… attendre, nous qui avons oublié la patience depuis une, voire deux décennies maintenant… Cette nécessité d'être multitâches et de soutenir sans cesse notre attention nous épuise.

Le temps accéléré : du temps sain au temps toxique

Le sociologue Robert Levine a inventé un nouveau syndrome, qu'il a appelé « Time-Urgent Personality » : une personnalité qui se consume dans l'urgence. Même dans les rues, en milieu urbain, a-t-il remarqué, on marche plus vite.

L'urgence est partout en nous : le temps perdu est ressenti comme du temps vide, et le temps, c'est de l'argent et des informations nouvelles !

Dans un documentaire passionnant[1], cité par Pierre Moniz-Barreto, George Dyson, historien, s'exprime à propos de la Bourse et des marchés financiers :

« L'univers numérique devient de plus en plus rapide. Chaque nouvel ordinateur est deux fois plus rapide. Mais le temps que nous connaissons n'existe plus dans l'univers numérique. Le fonctionnement des ordinateurs ne se fait pas en temps mais en séquences. Une opération suit l'autre et ainsi de suite. Cela implique qu'il existe un autre monde, un monde totalement détaché de notre conception du temps. [...] le temps de prendre un café... et vous découvrez à votre retour que vous avez perdu un milliard. Cela gâchera votre journée... mais pour les ordinateurs qui opèrent en microsecondes, cela

1. https://learning.invyo.io/media/documentaires/money-speed-inside-the-black-box

ne compte pas. Les mécanismes disjoncteurs[1] sont une tentative pour imposer notre conception du temps aux ordinateurs. »

Cela illustre parfaitement la notion de « temps toxique », auquel nous pouvons opposer l'idée de « temps sain ». Ce dernier pourrait être le temps destiné à créer du lien social, une productivité mesurée, pour nous aider à créer un monde dont il serait nécessaire d'écrire les directions. Puisqu'il n'existe pas au niveau national ou mondial une définition claire et unanime d'un tel monde, à chacun de trouver son inspiration en fonction de ses valeurs et de son tempérament. Et cela nécessite… du temps pour y penser, et de la discipline pour le réaliser.

L'inactivité en compétition : une nouvelle thérapie ?

Woops Yang, une artiste coréenne, a créé des *Space out competitions*, où l'on reste assis, sans rien faire, durant quatre-vingt-dix minutes. La personne gagnante est celle qui affiche le rythme cardiaque le plus paisible. Pour elle, passer du temps à ne rien faire en groupe est comme une thérapie, pour faire disparaître la peur de rater quelque chose (référence au nouveau syndrome FOMO, Fear of Missing Out). Créer une épreuve sportive pour l'inactivité est toute l'originalité de ces espaces.

1. Lorsque le marché s'emballe, des mécanismes appelés « disjoncteurs » stoppent les échanges pendant cinq minutes.

Pour autant, je suis perplexe : comment comprendre ce paradoxe d'une compétition pour rester calme ? Cette provocation trouvée par cette artiste est intéressante par la visibilité de l'absurdité qu'elle ose poser et proposer. Pour autant, elle n'est pas forcément réjouissante.

Il est temps (si j'ose dire…) de revoir nos fondamentaux, d'oser nous asseoir, non pour gagner une médaille mais pour revenir à nous-mêmes et, dans ce brouhaha assourdissant et tournoyant de plus en plus vite, cultiver une audace nouvelle, celle de reprendre du temps pour nous, proposer du silence, reprendre notre pouvoir attentionnel pour le diriger là où nous le souhaitons, retrouver notre paisible et sage intériorité.

« Mais qu'est-ce que cela signifie ? m'a lancé Anne, quinquagénaire dynamique à la vie trépidante. L'intériorité ? Mes besoins ? J'ignore totalement ce que cela signifie. »

Oui, il est temps pour nous de nous pencher sur cette question qui s'impose maintenant…

6

La fatigue de l'absence de sens : de l'infobésité à la fatigue pandémique

Le grand piège de notre société est de croire que tout est possible. Nous vivons dans le fantasme de la toute-puissance, en permanence.

Lorsque nous passons brutalement du sentiment d'être invincible, intouchable (comme Dieu) à celui d'être fragile (comme un humain), l'angoisse peut s'inviter tout aussi brusquement et violemment.

Notre motivation se nourrit de projets, de perspectives heureuses qui donnent du sens à notre quotidien ; pour les construire, nous sommes prêts à prendre le temps et à travailler beaucoup.

Dans l'intimité de mon cabinet, que ce soit en face à face ou derrière l'écran de mon ordinateur, j'entends des propos qui étaient, jusqu'à quelques années en arrière, exceptionnels.

« Je vais avoir trente ans mais n'ai jamais imaginé que ce serait dans ces conditions. Je n'arrive plus à penser mon avenir, ni à penser tout court. Même mon métier de médecin, qui jusque-là m'avait toujours passionnée, m'épuise. Je me sens perdue. »

« Je ne dors plus, je crie après mes enfants, que je ne supporte plus, mais je prouverai à mon entreprise que je peux tenir, il le faut, après ça ira mieux. »

« Je ne peux plus lire car je regarde sans arrêt mon portable, et je suis obligée de répondre tout de suite sinon je me sens mal. »

« Je passe des heures à penser aux nouvelles photos que je vais poster, je ne fais rien d'autre, j'ai arrêté de sortir. »

Aucune de ces paroles n'est sensée, « dans la vraie vie ». Tout se passe comme si nous avions oublié de vivre, de respirer. Nous n'avons plus d'espace pour notre monde intérieur, ni même pour le monde réel. Lorsque je pars en vacances et admire de beaux paysages, je remarque de plus en plus de « selfeurs » qui posent au lieu de regarder, qui filment, photographient et visitent le pays à travers leur écran et les histoires qu'ils racontent sur les réseaux. Je ne juge pas cela : je dis simplement que ce n'est pas un fonctionnement normal pour un être humain, et que nous commençons à le payer cher de notre santé, physique comme mentale.

Entre les écrans, sur lesquels de plus en plus de professions travaillent, et notre addiction à Internet et aux réseaux sociaux pour nous divertir, notre cerveau, toujours dans le bruit et sursollicité, ne peut éliminer ses déchets (oui, il en produit, comme tout organe dans notre corps). Des recherches datant de 2012 ont montré que le cerveau, en période d'inactivité, se débarrasse des sous-produits métaboliques toxiques grâce à un système récemment découvert appelé « système glymphatique »[1]. Mais sans repos, comment éliminer ? Notre cerveau s'épuise, et parfois, il « bugue » même : c'est l'état d'hébétude.

> Êtes-vous victime du bruit dans votre environnement professionnel (*open space*, sonneries, cris, crissements, etc.) ou personnel (autoroute, voie aérienne, télévision ou radio allumée, enfants qui se disputent ou ont du mal à jouer ensemble dans le calme) ? Vous-même, criez-vous ?
>
> Si vous ne pouvez réduire ces sources de bruit, prenez chaque jour un moment où vous êtes dans le silence. Trouvez un endroit pour marcher (forêt, parc...), méditer (peut-être un lieu de culte selon vos croyances), et respirez profondément.

Le piège du travail en visio

Une étude de 2016 montre que nous regardons notre Smartphone plus de deux cents fois par jour[2] ! Avec les confinements successifs que nous avons

1. Michel Le Van Quyen, *Cerveau et silence*, Flammarion, 2017, pp. 102-103. Ce système est nommé ainsi en référence à la lymphe et aux cellules gliales, ces dernières entourant les neurones, formant un tissu chargé de fournir les nutriments et d'assurer les défenses immunitaires. Certaines sont spécialisées dans l'évacuation des déchets.

2. *Ibid.*, p. 37.

vécus, nous avons pu constater, après l'excitation des premiers temps (la « magie » de la visioconférence, du travail à domicile, de l'organisation « à volonté », sans compter les apéroZoom) que les rendez-vous virtuels étaient en réalité épuisants. En effet, la concentration demandée pour saisir les micromouvements du visage, qui nous aident habituellement à décoder et à nous adapter à nos interlocuteurs, provoque une grande fatigue mentale. En outre, des neuroscientifiques nous apprennent que le fait de couper son micro pour éviter les bruits parasites nous isole encore davantage des autres, réduisant les signaux que nous pouvons détecter pour communiquer. Et ce, sans compter le léger décalage dû au réseau, qui parfois (ou souvent) bugue un peu (ou beaucoup), que Nawal Abboub, docteure en sciences cognitives, nomme « désynchronie[1] ».

Ces efforts pour communiquer nous fatiguent énormément car ils nous forcent non seulement à soutenir notre attention d'une manière anormale par rapport à un dialogue face à face, mais nous obligent également à accepter régulièrement les décalages, interruptions, coupures, dans une conversation qui devrait être fluide et simple. Parfois, une conversation virtuelle peut basculer dans le cauchemar, sans aucune autre possibilité de régulation que d'attendre, impuissants et frustrés, que la technique résolve ses propres problèmes.

1. https://www.francetvinfo.fr/internet/pourquoi-la-visioconference-met-elle-notre-cerveau-k-o-et-comment-riposter_4283359.html#xtor = CS2-765 – % 5Bautres % 5D-

En outre, la relation humaine s'appuyant principalement sur le regard, le fait de se parler en regards indirects, *via* l'écran, est particulièrement troublant pour notre cerveau.

Nos capacités attentionnelles, hautement sollicitées (possibilités de tchatter en même temps pour interagir avec les autres, notifications qui apparaissent, y compris celles qui n'ont rien à voir avec la visio à laquelle nous participons), ne sont, au bout d'un moment, plus aussi vives, car notre concentration a des limites. Devant cet afflux d'informations, le cerveau se met donc en « attention partielle continue[1] », et jongle avec une multitude de tâches, sans pouvoir se concentrer pleinement sur l'une d'entre elles.

> Pouvez-vous faire le point sur votre état physique et mental à la fin de chaque visio à laquelle vous avez participé ? Êtes-vous d'accord avec ce qui est dit dans cette partie ou bien trouvez-vous d'autres symptômes de fatigue ?
>
> Avez-vous des idées pour endiguer cette fatigue ?

Infobésité et syndrome FOMO

La recherche maladive d'information, qui concerne la majorité des humains vivant dans nos sociétés occidentalisées et outillés de réseaux sociaux, a son syndrome :

1. *Ibid.*

FOMO. C'est la peur de passer à côté d'une information importante, autrement dit d'opportunités, quelles qu'elles soient. Plus vous êtes actif sur Internet, et plus ce syndrome a des chances de vous toucher.

Jean Twenge, psychologue américaine, explique que cette recherche compulsive de nouvelles informations provoque une augmentation rapide de la dépression et des troubles mentaux. Le FOMO touche surtout et de plus en plus les jeunes, et se manifeste par une angoisse pathologique à l'idée que des gens faisant partie de votre cercle de connaissances sur Internet parlent de choses ou organisent des événements sans que vous en soyez informé. Cette incertitude génère un mal-être qui peut entraîner des troubles du sommeil, un stress chronique, des comportements déplacés et des symptômes dépressifs. Les recherches montrent que le temps de sommeil baisse en moyenne de presque une heure par nuit lorsqu'un jeune possède un Smartphone. Or, cela provoque des troubles : fatigue bien sûr, mais aussi décrochage scolaire, obésité, manque de dialogue familial.

Associé aux addictions aux Smartphones, avec des symptômes proches de la dépendance aux substances toxiques, ainsi que des troubles anxieux, le FOMO envahit les préoccupations quotidiennes de celles et ceux qui en sont atteints. L'intérêt pour la vie réelle est remplacé, par exemple, par les vidéos réalisées pour se mettre en scène et partager des aspects de soi, activité qui devient essentielle.

Accrochés à notre téléphone comme à un doudou, nous ne pouvons plus nous en séparer sans douleur ne serait-ce qu'une journée, le Smartphone est devenu un prolongement de la main, transportable au lit et même jusque dans les toilettes ou la baignoire.

Le problème est que cette compulsion au « toujours plus d'infos » entraîne une disparition des relations familiales, faisant souffrir parents et enfants, creusant l'incompréhension dans les tribus modernes par le manque d'échange et de disponibilité mentale qu'elle suscite. Pourtant, personne n'imagine pouvoir se passer des Smartphones, tablettes et ordinateurs portables.

Or, le cerveau continue son développement jusqu'à l'âge de vingt-cinq ans. Être constamment en mode monocanal, c'est-à-dire sans cesse sur son écran, fatigue notre système nerveux. De ce fait, nous produisons de manière continue et excessive des hormones chargées de réguler notre organisme face au stress, favorisant l'apparition de tensions musculaires, migraines, troubles digestifs fonctionnels et entraînant, par accumulation, une fragilisation de notre système immunitaire, doublée parfois de comportements abîmant notre organisme (boulimie, anorexie, alcoolisme). Tout concourt à un affaiblissement général.

« Ces divers écrans (réels ou symboliques) devant lesquels tant d'heures de vie s'étiolent ont encore un autre effet ravageur : ils atrophient les sens ; rien à embrasser, à saisir, à palper, à sentir, à goûter sur la langue, à humer, dans tout ce qui se déroule là de cette réalité factice. Pendant que la vie passe derrière notre dos, foisonnante, imprévue, intense, vibrante, multiple, nous restons les yeux rivés sur la vitrine[1] ! »

Tout cela a été démontré scientifiquement, relayé par les médias, et notre bon sens ainsi que notre instinct savent que les écrans sont nocifs. Pourtant, notre cerveau est sans cesse à la recherche d'information et de stimulation, car il est fait pour cela. La technologie moderne utilise ce besoin pour augmenter ainsi notre dépendance aux écrans. Comme le disent certains : « C'est inhumain de priver quelqu'un de ce qui lui fait du bien[2]. »

Observez votre téléphone, et tout le mal qu'il se donne pour vous montrer que vous recevez toujours plus d'informations : alertes, e-mails, notifications, sonneries diverses… Nous sommes accros à notre Smartphone. Pour preuve, les regards furtifs que nous lui jetons si nous ne pouvons nous en saisir ostensiblement devant les autres. Et cela nous fatigue beaucoup plus que nous croyons.

Même si nous n'y faisons pas attention, cela laisse une trace dans notre cerveau. L'omniprésence des sollicitations numériques et la dépendance qui en découle sont en train de nous carencer et de nous faire perdre du temps.

Et pourtant, combien de fois nous sommes-nous surpris à surfer sans fin sur Internet, au lieu de réaliser quelque chose d'utile pour nous, notre famille, rompant

---

1. Christiane Singer, *Où cours-tu ? Ne sais-tu pas que le ciel est en toi ?*, Albin Michel, 2001 (1re édition, 1992).

2. *Le Point*, janvier 2020.

un dialogue, une occasion de lien, de présence ? Nous devenons tristement des « abouliques[1] du lien » : incapables de volonté pour les choses concernant notre quotidien avec son lot de vaisselle à faire, de choses à organiser pour que la vie ensemble soit plus belle et joyeuse.

Ce temps nous prive de plus en plus d'une nourriture indispensable. Compétition entre temps d'écran et temps de vie, entre temps d'écran et temps passé en famille, et entre temps d'écran et temps passé à se reposer.

Des études montrent que cela fait perdre en moyenne[2], presque 30 % de temps sur une journée : « Je dois voir les informations » ; « Laisse-moi me connecter » ; « Attends, je dois vérifier si je n'ai pas reçu de mail/sms/appel » sont des phrases que nous entendons quotidiennement. Or, ces pointages ne changent globalement pas nos décisions pendant les jours et les semaines qui suivent. « Nous sommes devenus des obèses informationnels, un phénomène désigné sous le nom d'infobésité[3]. »

Cette méconnaissance des fonctionnements de notre cerveau nous entraîne dans une frénésie infernale, qui nous use et nous prend notre énergie vitale.

Notre éducation nous a appris à toujours faire un peu plus que ce qui était demandé, et a fait de l'occupation quelque chose d'addictif. Combien de personnes m'avouent qu'elles ne peuvent pas rester sans rien faire !

1. L'aboulie est un trouble neurologique qui concerne l'affaiblissement de la volition (la manifestation de la volonté).
2. Sébastien Bohler, *op. cit.*, p. 124.
3. *Ibid.*

En bref, le syndrome FOMO nous rappelle que, malgré nos efforts, nous ne pourrons jamais tout expérimenter, tout voir, tout apprendre, tout savoir, tout entendre, et que nous devons appuyer sur le frein de nos appétits démesurés car ils nous prennent une énergie de plus en plus considérable.

La fatigue d'être « trop sérieux »

Dans ma jeunesse, je me faisais souvent réprimander à l'école pour avoir réalisé strictement ce qui était demandé par l'institutrice. Il était de bon ton d'en faire « un peu plus », pour montrer (peut-être ?) sa motivation. À l'époque, j'en étais régulièrement troublée : jusqu'où pouvait aller cet engagement, cette surdose de travail à réaliser sans qu'elle soit explicitement formulée ? Comment l'évaluer, la borner ? Où allais-je trouver dans ce cas le temps pour m'amuser, ne rien faire ? Et pourtant, j'adorais l'école !

Ce fantasme de l'élève parfait, qui travaille quand on lui dit, s'amuse lorsque c'est l'heure, fait bien son travail, aide ses camarades, relève davantage du stéréotype que de la réalité… L'élève réel, s'il est « vivant », déroge forcément un peu à ces règles, se relâche parfois, déçoit, caracole, bavarde, rigole à des blagues potaches : c'est un enfant.

Cette partie d'enfance existe toujours en nous, et elle nous est nécessaire pour pouvoir profiter aisément de ce que la vie nous offre comme plaisirs divers. C'est cette partie de nous qui, alors que nous sommes adultes, et même parfois âgés, nous autorise à faire le clown, à nous amuser avec une insouciance et un enthousiasme propres à cette période de la vie.

Le rire, la gaieté, la légèreté, le jeu rechargent nos batteries et nous redonnent de l'énergie. Avez-vous déjà passé une bonne soirée avec des amis, et alors que vous pensiez être fatigué, vous vous surprenez à danser, rire, chanter peut-être, et vous lever le lendemain avec un souvenir merveilleux qui vous booste pour la journée et les suivantes ? Nous parlons bien de cela. Cette source d'énergie provenant de cette propension à s'amuser est en chacun de nous, précieuse et abondante.

Jouez, riez, éprouvez régulièrement de la joie, et vous n'aurez jamais besoin de péter les plombs car vous aurez eu votre dose de plaisir. Si au contraire, vous retenez, comprimez ce besoin, vous risquez d'avoir, un jour, un comportement plus que débordant, parfois risqué, qui vous surprendra par sa force ou sa violence.

> Judith est étudiante en médecine et lors d'un stage, elle passe pour la première fois huit mois loin de sa famille et de son petit ami. Elle se dévergonde, fumant des herbes prohibées, buvant au point de devoir être portée par ses comparses dans sa chambre régulièrement, sortant avec des hommes différents chaque soir… La jeune femme, ses études terminées, est comme dégrisée. Elle vient me voir pour comprendre : selon elle, elle a « pété les plombs » sans raison, et elle veut reconquérir son amoureux, avec qui elle filait le parfait amour, sans dispute, depuis plus de six ans.

S'autoriser à redevenir un enfant est une permission précieuse de notre psychisme, et appelle à prendre en compte nos besoins fondamentaux. L'enfance de Judith avait été marquée par les disputes incessantes entre ses parents, mais aussi entre ces derniers et la grand-mère paternelle, chez qui tout le monde vivait, et la petite fille était le rayon de soleil de toute la maisonnée. Il n'était pas rare que les parents se poursuivent autour de la table du salon pour se battre mais Judith gardait toujours sourire et bonne humeur et restait le pôle stable du foyer, sans se rendre compte qu'elle prenait sur elle en niant toutes ses émotions d'enfant, son insouciance, afin de prendre soin de ses parents et de sa grand-mère. Avec, en couvercle, une interdiction d'être consciente de tout cela, au risque de trahir ses parents, de ne plus les protéger, et de ce fait, de les décevoir (ô trahison suprême).

À l'âge adulte, toute cette énergie et ces émotions refoulées ont agi comme une cocotte-minute dans le psychisme de Judith, qui a saisi la première occasion de relâcher cette énergie prisonnière. C'est ainsi qu'il faut comprendre ces grands rassemblements de la jeunesse après les mois de restriction à se réunir, fêter, être ensemble. Et même les bagarres s'ensuivant. C'est normal que cela se passe ainsi, il faut être attentif à cette énergie de vie.

L'amusement ne consiste pas à passer son temps à s'amuser. C'est un temps précieux où, au fond de nous, nous nous connectons à la joie d'être vivant.

Charlie Chaplin a été élevé dans le plus grand dénuement par sa mère, Hannah. Malgré sa fragilité mentale (elle a fini par être internée en psychiatrie), elle savait faire remarquer à son fils les petites choses du quotidien qui révèlent un détail insolite, une cocasserie. Le petit garçon apprend de sa mère aimante (même si défaillante) à observer, penser, et se construit petit à petit ce regard si sensible sur le monde. Chaplin a lui-même salué les talents d'imitation et d'observation de sa mère, qui contribuèrent beaucoup à son propre succès dans l'art de la pantomime.

Il gardera de son enfance cette acuité, cette tendresse et cet humour, qu'il saura utiliser pour nous toucher grâce à l'amour qu'il a reçu de celle qui l'a élevé malgré la pauvreté et la précarité (il sera placé à plusieurs reprises dans diverses institutions pour jeunes indigents). Dans l'univers de Chaplin, nous voyons des contrastes, et la capacité que nous avons tous à utiliser le décalage pour transformer une situation difficile en un événement de curiosité et de grâce. Car l'humour est une grâce. C'est aussi le propre de la pleine conscience, cette curiosité sur le monde qui met de la candeur, de la fraîcheur sur les choses auxquelles nous pouvons pourtant être habitués au point de ne plus les voir.

> Avez-vous conscience que vous aimeriez partager avec quelqu'un des comportements, sentiments et faits, et que vous n'y arrivez pas ? Est-ce avec cette personne ou bien avec n'importe qui ? Pouvez-vous noter comment vous vous trouvez intérieurement en présence de cette personne en particulier ? Est-il possible de vous faire confiance et de décider de le faire malgré votre peur ? Lorsque nous faisons des choses difficiles que nous appréhendons, nous faisons progresser notre confiance.

La fatigue pandémique : une « drôle » de fatigue collective

Ce terme récent, utilisé pour la première fois en 2020 par l'OMS en réponse à la pandémie du Covid-19, fait référence principalement à la peur (la maladie, les craintes pour l'avenir, l'incertitude liée à la situation qui s'éternise sans date de fin...), provoquant, avec l'absence de liens sociaux, une expérience émotionnelle épuisante. Insomnies, anxiété, difficultés à se concentrer résultent de cet état de lassitude et de détresse[1]. On parle de « fatigue anxiogène ».

Dix heures du matin, un laboratoire en banlieue parisienne, une infirmière demande à une patiente qui se tient déjà devant l'un des guichets : « Vous avez des signes précurseurs ? » « Je ressens une grosse fatigue depuis plusieurs jours, mais alors, une GROSSE fatigue », répond la dame.

Assise sur une chaise, j'attends mon tour ; le mot fait tilt, la fatigue est un des symptômes du Covid, l'un de ceux, assez visible et connu, que l'Agence régionale de santé préconise d'observer pour légitimer un test de dépistage de la maladie.

De ma chaise, je pouvais observer les passages des personnes défilant devant le guichet. Quelque chose chez cette femme m'intriguait : une forme de lassitude que je

1. https://www.francetvinfo.fr/sante/maladie/coronavirus/confinement/fatigue-pandemique-qu-est-ce-que-ce-syndrome-apparu-avec-le-covid-19-et-comment-l-eviter_4280895.html

percevais dans sa façon de parler, une sourde envie d'être plainte, peut-être ? Elle avait l'air si las !

Mes pensées ont commencé à tourner : de quelle fatigue parlait donc cette femme ? Et était-elle objective quant à son état, ou bien, à l'instar de millions de Français et de centaines de millions de gens dans le monde, se sentait-elle tout simplement fatiguée d'avoir eu peur, fatiguée de confiner/déconfiner/reconfiner, fatiguée du manque de convivialité, fatiguée de ne plus pouvoir vivre sa spontanéité, fatiguée de voir des gens masqués, fatiguée du manque de sens de la vie dans ces conditions, fatiguée de l'incertitude ?

Bien sûr, le confinement augmentant le temps sur écran, fait qui, nous l'avons vu, décuple la fatigue mentale, il n'est pas étonnant d'observer cette fatigue dite « pandémique ». Celle-ci, liée aux situations de restriction à tous niveaux que nous avons vécues, est le résultat d'une certaine forme de politique, et de ses choix afférents. Mathieu Gruet, enseignant-chercheur à l'université de Toulon[1], a conseillé, comme d'autres universitaires, de réduire le temps d'écran hors temps de travail pour se consacrer à des activités récréatives indispensables pour le repos de l'esprit. Encore une fois, jouer, et mieux encore, interagir en jouant sont une porte pour la dopamine, et ce, à tout âge. C'est ce que nous soulignions plus tôt : cultiver des moments de joie, de légèreté, d'émerveillement est indispensable à la santé mentale.

1. https://hal.archives-ouvertes.fr/hal-02545558/document

Toutefois, cette fatigue pandémique était prévisible, dans la mesure où la santé n'est pas seulement physique, mais aussi mentale. C'est tout l'objet de ce livre : dire que la fatigue n'est pas à découper en tranches, mais qu'elle peut aider à identifier nos besoins et à y répondre du mieux que nous pouvons.

Dans le cas de l'épidémie de Covid-19, de multiples questions se posent… dont celle, majeure, des effets collatéraux générés par une vision monolithique de la santé : l'être humain contre le virus, et donc, vaccin et confinement.

Des comportements aberrants et contre-nature ont vu le jour : s'écarter quand quelqu'un vous double alors qu'on est à pied, ne pas s'embrasser en famille, entendre un responsable de la Santé intimer à la population de ne plus parler dans les transports en commun, sans compter les vitrages en plexiglas présents dans les restaurants, bars et caisses de magasin, les commerçants (j'en ai vu) ordonnant : « N'approchez pas ! » en montrant le gel hydroalcoolique posé à l'entrée… Autant de comportements qui rappellent au quotidien une peur de l'autre qui, à force, ronge le corps social en le démantelant petit à petit, avec la complicité, bon gré ou mal gré, de toute la population. L'homme étant par nature construit grâce au lien à l'autre et à la relation, les restrictions d'interactions sociales sont délétères pour la santé.

Car celle-ci ne concerne pas uniquement le corps. Un prisonnier condamné à une longue peine vous dirait que l'espoir est le principal moteur qui le porte chaque jour dans un quotidien auquel il peut donner du sens. Oui : le sens et l'espoir, la sincérité, font AUSSI partie de la santé, car ils concernent et maintiennent le vivant en état de vitalité, qui est l'exact contraire de la fatigue.

Imaginer un bel avenir nous remplit de joie, l'inverse génère de l'anxiété, issue de la peur de ne pas pouvoir affronter ce que nous pensons être devant nous.

7

La fatigue de la Terre

Chaque jour, ou au moins chaque semaine, les médias nous annoncent que le climat change, que les terres s'assèchent dans tel coin du globe alors que dans un autre, au contraire, la mer commence à recouvrir les terres. Que l'on en ait conscience ou non, cela nous affecte beaucoup plus profondément qu'on le pense.

Quel est ce lien qui unit la fatigue de la Terre et la nôtre ?

Sébastien Bohler, dans son livre *Le Bug humain*, nous rappelle l'existence d'une partie de notre cerveau dont nous n'avions, pour la plupart d'entre nous, jamais entendu parler : il s'agit du striatum.

Le striatum, lové à l'intérieur de notre cerveau, récompense tous nos comportements qui augmentent nos chances de demeurer en vie, et poursuit toujours les cinq mêmes objectifs qu'il y a dix millions d'années : trouver de la nourriture, des partenaires sexuels, se procurer un statut social, acquérir du territoire et des informations, le tout en dépensant le moins d'énergie possible.

Lorsque nous trouvons le succès dans l'un de ces domaines, par exemple en emménageant dans un lieu qui nous plaît et qui est dans un coin chic, témoignant de notre réussite sociale, notre cerveau sécrète une hormone, la dopamine, qui provoque un puissant sentiment de plaisir. Depuis que les premiers animaux ont vu le jour, il y a un demi-milliard d'années, le cerveau est toujours régi par ces mêmes mécanismes[1].

Des recherches ont montré que la stimulation directe de ce système de récompense entraînait une frénésie, de sorte que, chez le rat comme chez l'humain, on observe sans cesse les mêmes comportements qui apporteront un plaisir indicible, car la dopamine coule à flots ! Bohler précise que c'est aussi l'effet que produit sur nos neurones l'absorption d'une dose de cocaïne…

Tout cela forme le carburant d'une économie de croissance qui nous pousse à produire et faire toujours plus, et n'a aucune raison d'y renoncer. Cette logique de l'épuisement des ressources, humaines comme terriennes (animales, végétales, minérales), oblige à consommer toujours plus afin de favoriser la poursuite de l'économie telle qu'elle est aujourd'hui.

À cause de ce phénomène, nous ne voyons que l'effet immédiat, c'est-à-dire le profit matériel et monétaire que l'on peut tirer, et non les effets collatéraux sur le système dans son ensemble, alors que ceux-ci nous alertent par leur ampleur jour après jour.

L'épuisement gagnant les ressources de la Terre, nous vivons à crédit, depuis des années déjà, quasiment la moitié du temps. Tout comme moi, vous savez ce que produit une dette monétaire chronique : outre le fait que

1. *Ibid.* p. 28.

vous êtes rattrapé par votre banquier, il est impératif à un moment donné, que vous le vouliez ou non, de changer vos habitudes et passer à un mode de vie plus modeste, fondé sur la réalité de ce que vous pouvez dépenser. C'est un passage douloureux, et nombre d'entre nous préfèrent être et survivre dans le déni plutôt que d'admettre l'évidence.

Le profit engendré par la surconsommation va, par exemple, entraîner une surpêche, d'où une surproduction de déchets jetés ensuite dans les océans, avec des effets sur la faune des mers et sur les terres, et cela a des conséquences sur d'autres populations, qui ne peuvent plus pêcher. Si nous polluons la mer, nous rentrons, nous, humains, en déséquilibre. Si nos terres et nos océans deviennent malades, alors nous aussi. Qui peut alors croire qu'il n'existerait pas une fatigue provenant de notre système « éco-mental » ?

Un autre modèle est à privilégier si nous voulons vivre en respectant la Terre et arrêter d'accumuler les dettes envers elle. Oui, nous avons besoin d'une vie meilleure, mais cela ne passe pas forcément par une augmentation du pouvoir d'achat ni par des parts de marché toujours plus gigantesques.

L'impuissance que nous pouvons ressentir devant tout cela est énergivore. Mais nous continuons à produire et consommer de plus en plus, et à nous nourrir de démesure. Nous sommes révoltés par la destruction de la planète, les injustices, mais nous continuons à y contribuer, en nous sentant coupables.

La plupart d'entre nous souhaitons une vie sereine et amicale, dans laquelle nous pouvons élever nos enfants, tout en ayant une liberté pour vivre, entreprendre, inventer, apprendre. Les valeurs sur lesquelles notre société repose ne sont pas toujours, et c'est sûrement un euphémisme, conformes à nos souhaits. Continuer à avancer malgré tout dans le brouillard, et faire semblant que « ça va bien », nous vide car, tout au fond de nous, une petite voix à peine audible nous murmure : « Quel est le sens de tout cet amassement ? Quel est le sens de toute cette démesure ? Où cours-tu ? Et sais-tu t'arrêter ? »

D'un côté, il y a une conscience écologique et une peur, de l'autre, un aveuglement lié aux profits à court terme rendus possibles par les mécanismes économiques de notre société. Ces deux extrêmes nous mettent, chacun, dans des contradictions insupportables qui nous prennent de l'énergie parce que, d'un côté, y penser nous met en dissonance cognitive et nous ronge, et d'un autre, nous vivons dans une société hédoniste et nous souhaitons en conserver les avantages et tirer notre épingle du jeu.

Comment tout cela vit-il dans nos esprits ? Quelles conséquences cela a-t-il sur notre santé, physique et psychique ?

Les nouvelles fatigues psycho-écologiques

L'éco-anxiété

De plus en plus conscientes de ces dérèglements, nombre de personnes développent une anxiété liée à l'écologie, remarquant la fragilité des écosystèmes, se demandant comment elles vont terminer leur vie et s'il est raisonnable, éthique, de faire des enfants. D'une manière générale, l'éco-anxiété ronge les personnes qui ne se sentent plus suffisamment en connexion avec la nature et qui en souffrent. L'éco-psychologie s'intéresse au bien-être des êtres humains et à celui de la planète elle-même, et propose une réflexion qui regroupe de plus en plus de professionnels.

Charline Schmerber[1] relate les résultats d'une enquête qu'elle a réalisée sur l'éco-anxiété. Cette psychopraticienne confirme que l'anxiété est systémique, reliée à un ensemble de facteurs qui vont de la sphère de l'intime à la dimension géopolitique. La fatigue qu'elle engendre provient de toute la palette émotionnelle que ce type d'angoisse fait émerger. Elle induit trois mouvements (ambivalence, paralysie, action) et amène à des changements de vie possibles.

Ces prises de conscience peuvent entraîner des frictions entre les générations, comme l'illustre le cas de ce trentenaire.

Pierre me raconte : « J'aime beaucoup mes parents, mais me sens tellement en désaccord avec leur mode de vie ! Quand je vois l'eau qu'ils gâchent, leur discours sur la

1. http://www.solastalgie.fr/

consommation, je m'en étrangle. Avec ma femme, nous avons décidé d'être plus économes sur tout. Par exemple, nous n'achetons plus que des vêtements de seconde main. Nous limitons le plastique. Nous fabriquons de plus en plus de choses nous-mêmes. De même, mon boulot m'ennuie, et j'ai décidé de le quitter pour un emploi plus proche de mes valeurs, je vais apprendre à travailler le bois. Eh bien, tout cela angoisse ma mère, qui trouve dans nos comportements une forme de régression ! Elle dit qu'elle et mon père se sont battus pour mon éducation, grande école et compagnie, tout ça pour ça ! Nos discussions sont houleuses, nous nous éloignons beaucoup, j'en suis attristé. Cela génère chez moi une grande fatigue, mais pas seulement quand je sors de chez mes parents : elle me suit partout, sous forme de nostalgie, de tristesse teintée d'impuissance. Et en même temps, je ne pourrai jamais vivre comme j'ai été éduqué, juste pour faire plaisir à mes parents. Pouvez-vous faire quelque chose pour moi ? »

De plus en plus de trentenaires diplômés quittent un travail stable et bien rémunéré mais qu'ils jugent abstrait, manquant de sens quand il n'est pas jugé absurde, pour un job plus concret, proche et « contributif[1] ».

> Souffrez-vous d'éco-anxiété ? Quelles incidences cela a-t-il sur votre quotidien, vos relations, la vision de votre travail, de l'avenir ? Quel type de fatigue cela engendre-t-il pour vous ? Que comptez-vous faire pour vous aider à retrouver votre vitalité mentale et physique ?

1. Jean-Laurent Cassely, *La Révolte des premiers de la classe*, Arkhe, 2017.

En 2016 a eu lieu le premier congrès d'éco-psychologie en Belgique, lancé par une éco-psychologue, Martine Capron, dont le nombre de consultations orientées éco-psychologie augmente[1].

La solastalgie

La solastalgie est le sentiment ressenti face à un changement environnemental stressant et négatif. Elle survient avec la dégradation du lieu où nous vivons et de notre sens du lieu. Inventée par le philosophe australien Glenn Albrecht, révélé au grand public en 2019[2], elle est un concept clé pour comprendre les émotions « psychoterratiques » (du grec *psyché*, « esprit », et du latin *terra*, « terre ») chez de plus en plus de personnes. Pour Albrecht, la solastalgie a une nature existentielle, émotionnelle et psychologique. Elle est une souffrance mentale, comme toute fatigue, et peut mener au suicide. Si elle n'est pas nouvelle (elle peut en effet survenir lors d'événements naturels comme des éruptions volcaniques, ou artificiels comme la déforestation massive), cette émotion est de plus en plus répandue en raison du chaos climatique et de la destruction des écosystèmes, dans une économie de croissance rapide et sans limite.

La nostalgie est un terme qui, traduit de l'allemand, signifie la « douleur pour la maison », que l'on a traduit par le « mal du pays ». Ce mot, introduit par le médecin

1. http://www.slate.fr/story/175785/ecopsychologie-ecologie-psychologie-retour-nature

2. Glenn Albrecht, *Les Émotions de la terre*, LLL, 2019.

suisse Johannes Hofer, en 1688, désigne la douleur causée par l'intense désir de revenir chez soi lorsqu'on est loin, et peut être une cause profonde de détresse mentale et physique. Elle a été considérée comme un trouble psychophysiologique médicalement reconnu jusque dans les années 1950 ; aujourd'hui, elle renvoie plutôt à un regard rétrospectif sur le passé, et n'est plus considérée de nos jours comme une maladie causée par une profonde détresse liée au lieu[1].

Toutefois, comme le souligne Albrecht, la pertinence de la nostalgie définie par Hofer est toujours effective dans des situations où des gens étroitement attachés à leur terre sont déplacés de force ou n'ont pas leur mot à dire sur la façon dont on les déplace.

Ce qui est intéressant et notable, c'est que cette nostalgie peut s'appliquer aujourd'hui aux délocalisations, démembrements paysagers, transformations de lieux naturels que nous aimions autrefois et qui sont aujourd'hui bétonnés. Comme le souligne le philosophe : « La nostalgie, le développement et la dévastation environnementale vont souvent ensemble[2]. » Ce vertige existentiel qualifie l'absence de camp de base que ce soit au niveau familial, communautaire ou territorial. Que se passe-t-il chez les personnes perdant leur habitat à cause de forces hors de leur contrôle ? Il y a une relation entre la détresse de l'écosystème et la détresse humaine. Cette dernière, bien sûr, engendre une fatigue profonde, existentielle, difficile à juguler par la simple

1. *Ibid.*, p. 62.
2. *Ibid.*, p. 63.

reconstruction d'un habitat. Cette fatigue-là concerne le sens de la vie, palpable dans cet état de « nostalgie sans but[1] ».

Albrecht cite les travaux d'une agricultrice australienne, Elyne Mitchell, qui établit un lien fort intéressant entre la santé mentale et celle de la Terre. Nous sommes la Terre, nous y sommes liés par un lien de cause à effet, métonymique, qui nous détermine et conditionne notre existence même.

Burn-out écologique ?

Alors, forcément, les effets de la pollution de l'eau, de l'air, de la terre ont un rapport avec notre fatigue grandissante.

Fatigue et dérèglement climatique

Selon l'Organisation mondiale de la santé, le dérèglement climatique devrait causer 250 000 décès supplémentaires par an entre 2030 et 2050, notamment en raison du stress thermique, désignant l'incapacité du corps à maintenir sa température normale en raison de l'élévation de la température extérieure et du taux d'humidité. Pendant les canicules, on voit bien que les plus vulnérables ne résistent pas longtemps à ces excès de chaleur et décèdent quand d'autres ne font « que » souffrir de ce réchauffement.

1. *Ibid.*, p. 68.

Mais, peut-être pire encore que le stress thermique, l'indifférence à la destruction de la nature nous dessert au premier plan.

Fatigue animale

La recherche de rentabilité immédiate aboutit aujourd'hui à une érosion terrifiante de la biodiversité animale. Aujourd'hui, une race d'animal d'élevage sur cinq est menacée d'extinction[1]. Il en résulte des races génétiquement uniformes à haut rendement qui doivent être aidées pour survivre par des aliments riches en protéines, des produits pharmaceutiques coûteux et des bâtiments à température contrôlée[2]. En ce qui concerne les poulets, qui subissent une sélection intensive affectant leur bien-être (cinquante millions de poussins mâles tués[3] par an, puisque ce sont les femelles qui sont privilégiées pour leur capacité à pondre), ces animaux ne tiennent pas sur leurs pattes et ploient sous le poids de leur propre corps du fait de leur croissance trop rapide, la chair se développant plus vite que le squelette. Pour d'autres espèces, comme les taureaux ou les porcs, l'insémination artificielle à outrance entraîne une homogénéité génétique qui rend l'animal plus faible et plus exposé aux maladies infectieuses. En Allemagne, deux tiers des antibiotiques vendus sont destinés à l'élevage.

1. https://multinationales.org/Elevage-industriel-la-biodiversite-animale-sous-controle-des-multinationales
2. https://eu.boell.org/sites/default/files/latlasdelavivande2014_web_final.pdf
3. Jusqu'à présent par broyage, pratique qui sera abolie fin 2021, promesse de ministre !

Aux États-Unis, ceux-ci sont utilisés pour stimuler la croissance : les animaux en consomment huit fois plus que les hôpitaux. En retour, on assiste à une recrudescence de bactéries résistantes, avec leur lot d'infections indifférentes aux médicaments. C'est d'ailleurs la France qui détient le record de résistance aux antibiotiques en Europe.

Avec des conditions de travail aussi dégradées, les agriculteurs qui le souhaiteraient ne peuvent plus vivre de leur petite exploitation face aux grosses structures de l'élevage et de l'agriculture intensifs. Beaucoup se suicident, ne voyant aucune issue à leur condition.

Cela fait partie intégrante d'une fatigue généralisée, qui érode tout sur son passage.

Je cite Bohler, dans *Le Bug humain* : « Aujourd'hui sont produites 68 millions de tonnes de bœuf par an, ce qui représente 2 tonnes de viande bovine produites à la seconde, 100 millions de tonnes de porc (3,5 tonnes à la seconde), 155 millions de tonnes de poulet (3,5 tonnes à la seconde), et ce chiffre augmentera de 24 % d'ici à 2025. Folle course d'une humanité qui engouffre 300 millions de tonnes de viande par an. Et cette consommation double tous les vingt ans[1]. »

Cela ne vous fait-il pas penser aux phases du burn-out ? Rappelez-vous les trois stades : épuisement des ressources émotionnelles (fatigue, nostalgie), dépersonnalisation (cynisme), perte de sens. C'est comme si nous, les humains, n'étions pas tous au même stade, mais

1. Sébastien Bohler, *op. cit.*

que, globalement, nos comportements, nos ressentis à l'égard de la nature pouvaient être classés selon ces catégories. Je dirai que le burn-out écologique est à l'œuvre lorsque le rapport au vivant est tronqué, rendu mineur, dévalorisé, menant aux décisions les plus absurdes.

Par exemple, la réduction des territoires des grands animaux sauvages, comme les éléphants d'Asie, générée en grande partie par la déforestation, qui fragmente l'habitat et isole les éléphants. Non seulement cela limite leur reproduction mais leur présence dans les zones cultivées près des villages pour rechercher leur nourriture cause saccages et destruction des habitats humains.

Que fait-on pour lutter contre ce fléau ? Les conflits sont violents et tuent humains et éléphants par centaines chaque année. Malgré la mobilisation des défenseurs des animaux, tout cela peut donner à de plus en plus de personnes le sentiment d'une logique absurde, où le progrès et le profit sont de toute façon les grands gagnants, quoi que l'on dise, quoi que l'on fasse. Mais au final, on le sait tous, tout le monde perdra.

Devant notre télé, notre écran, le mépris du vivant, parfois même validé par les institutions nous fatigue…

Le profit et la surconsommation semblent être devenus des buts, du moins pour certains, et non plus des moyens. Notre monde s'emballe, tourne de plus en plus vite. Comment expliquer cette démesure qui ne semble pas pouvoir ni vouloir s'arrêter ?

La fatigue de la démesure : le syndrome d'hubris

Le syndrome d'hubris, ou « maladie du pouvoir » (du grec ancien *húbris*, signifiant « démesure »), a été décrit par le médecin, scientifique et ancien ministre des Affaires étrangères britannique David Owen. Il propose quatorze signes pour le décrire ; il en faut trois pour être atteint de ce syndrome, dont : mégalomanie, mépris pour les critiques, les conseils, impression d'omnipotence, outrecuidance, imprudence liée à son sentiment de toute-puissance. Le déclencheur de cette maladie serait l'exercice même du pouvoir, généralement précédé d'un grand succès, et suivi d'une ascension irrésistible et populaire, qui s'accompagne d'une absence inhabituelle de contraintes, aboutissant à une centralisation des pouvoirs. En d'autres termes, le leader commence à prendre certaines libertés qu'il justifie généralement comme étant sa signature particulière, qu'il qualifie volontiers de « rupture » ou de « réforme ». Selon Owen, le syndrome d'hubris empire si le leader est réélu, car il se sent alors conforté dans son action. Et si la guerre constitue un contexte idéal pour la manifestation du trouble (Hitler et son Reich de mille ans sont sans doute l'exemple d'hubris historique le plus parlant), le médecin et ancien ministre souligne que tout événement d'ampleur internationale serait un révélateur du syndrome, comme la démesure ostentatoire des villes sélectionnées pour recevoir les Jeux olympiques. Cette course nous sert-elle vraiment ? Les infrastructures des JO de Rio en 2016 ont été fermées en attendant que leur sécurité soit assurée par la ville. Pourtant, le Brésil avait investi plus de 11 milliards d'euros pour leur construction. Le boom touristique prévu en Corée du Sud (Jeux d'hiver de 2018) n'a pas eu lieu, malgré l'investissement de 800 millions de dollars pour leur organisation. Que dire de Pékin qui, avec ses 44 milliards de dollars d'investissement pour les Jeux d'été de 2008, remporte la palme ? Aujourd'hui, tout est laissé à l'abandon[1]. Mais cela a l'air de faire partie du jeu, cette démesure choque peut-être un peu mais, engloutis dans nos habitudes et notre indifférence, peut-être liée à notre impuissance, nous oublions. Cela a généré de beaux souvenirs, a rehaussé l'image du pays, c'est cela qui compte aujourd'hui.

> Faites une liste de toutes les démesures qui vous choquent en ce monde. Puis, sélectionnez celles qui vous semblent vraiment injustes. Voyez-vous un impact sur votre quotidien ? Par exemple, regardez pour quelle entreprise, ou quel type d'entreprise vous travaillez. Que s'y passe-t-il au quotidien ? Cela vous convient-il ?

L'expérience du pouvoir pourrait donc déclencher de graves troubles du comportement (comme le sentiment d'invulnérabilité et d'infaillibilité) et perturber la capacité à prendre des décisions rationnelles.

---

1. https://www.franceinter.fr/sports/decrepis-ou-abandonnes-quand-les-temples-des-jeux-olympiques-galerent-a-se-reconvertir

La situation se dégrade quand le sujet concerné se met à saper l'autorité d'institutions normalement autonomes, afin d'exercer un contrôle plus direct et plus étendu. Cette attitude le conduit souvent à démoraliser son entourage, ou à monter ses proches les uns contre les autres.

Tout cela mène assez naturellement à ce que David Owen appelle l'« incompétence hubristique », c'est-à-dire l'accumulation de décisions hasardeuses, voire catastrophiques. Nous en avons cité plusieurs exemples.

Ce syndrome disparaîtrait dès que le pouvoir est abandonné. Pour combattre ce syndrome, il faudrait toujours s'entourer de critiques afin de diminuer ces tendances.

À noter qu'il n'est pas nécessaire d'être politicien ou même un grand homme d'affaires pour manifester ce syndrome. De multiples histoires dans le monde du travail, associatif, de voisinage, bref, dans toutes les sphères de la vie, on trouve des individus manifestant des troubles de cet ordre. Comme ce projet de centre d'engraissement de 1 200 taurillons dans la Vienne, décrié pour son gigantisme et ses retombées environnementales (pollution de la nappe phréatique, non-respect de la vie animale), et qui a été pourtant autorisé début 2021 par la justice, malgré les centaines de personnes, agriculteurs comme politiques, et les associations s'érigeant contre cette ferme-usine. Ils vont tous continuer la lutte, mais que d'énergie et de fatigue… pour quoi ? Pour qui ?

Il n'y a qu'à voir le combat, depuis des années, contre le glyphosate, les désaccords, les discussions interminables… Pendant les tergiversations, le temps passe, et la fatigue de voir que rien ne change vraiment lasse même les plus combatifs.

Depuis plus d'une décennie, des milliardaires trouvent dans l'investissement aérospatial les stimulations hormonales dont ils ont besoin : Richard Branson, le fondateur de Virgin, rêve de tourisme suborbital, avec navette et hôtels construits dans l'espace ; Elon Musk (PayPal, Tesla), connu pour ses ambitions colonisatrices de la planète Mars, souhaite mettre en orbite autour de celle-ci sa Tesla rouge vif qui jouerait du David Bowie sans interruption. Dans l'espace, il y a des affaires à faire, car il regorge de métaux rares, indispensables aux nouveaux produits technologiques. Il y en a sur la Lune, sur Mars, et sur de nombreux astéroïdes[1].

Il n'y a pas de limite. Peut-être faut-il y voir un lien entre cette partie du cerveau appelée striatum et le syndrome d'hubris ? En tout cas, le rapprochement est tentant.

Pouvoirs numériques, pollution, fatigue

Autre exemple criant de la manière dont nous contribuons à la pollution numérique : la consommation de vidéos pornographiques, qui active fortement le striatum.

L'industrie pornographique est la première industrie du Web et, aujourd'hui, 35 % des vidéos visionnées quotidiennement sont pornographiques. En outre, la

1. Pascal Riché, *L'Obs* [en ligne], 6 février 2018.

pollution numérique va croissant. Dès 2018, l'Ademe (Agence de l'environnement et de la maîtrise de l'énergie) prévenait du risque de la voir dépasser celle de l'avion, ce qui est le cas aujourd'hui : séries, vidéos, moteurs de recherche, travail en ligne, sans compter le stockage sur le *cloud*, avec l'explosion des *data centers* (serveurs informatiques servant à stocker les données), sont très polluants. « L'espace de stockage a été multiplié par seize entre 2015 et 2021. Il n'existe d'ailleurs pas de mots pour qualifier la capacité de stockage. Un téléphone portable, c'est 32 octets. Pour ce genre de données, il faut compter en exaoctet ou zettaoctet. Ce sont des milliers, voire des milliards de fois plus[1]. »

Pour autant, le savoir change-t-il quelque chose ? Le public ignore de moins en moins que la fabrication d'écrans et de Smartphones nécessite l'extraction de matières premières rares, que cela détruit des centaines d'espèces animales, libère des millions de tonnes de gaz à effet de serre. Mais nous préférons continuer à acquérir des téléphones de plus en plus sophistiqués, quitte à être confrontés plus tard à des problèmes de première urgence. Nos entrepreneurs milliardaires sont en train de nous dire qu'ils ont trouvé la solution grâce, notamment, aux futures extractions de minerais des planètes...

Facebook, Twitter ou Instagram sont également concernés par cette course frénétique, et pas qu'un peu : à chaque « like », une décharge de dopamine.

---

1. Europe 1, 27 janvier 2020, 11 h 49.

Si on obtient plus de vues que prévu, une bouffée de bien-être nous envahit. Les timides, les anxieux, les effacés trouvent là une formidable occasion de se valoriser. Mais à quel prix ? La dépendance à la validation par les autres. Les recherches ont montré que, plus le statut social d'un individu était élevé, plus son cerveau contenait de récepteurs de la dopamine. Autrement dit : plus vous réussissez socialement, plus vous avez de plaisir, et plus vous en voulez. Il n'y a pas de limite. Les milliardaires entrepreneurs imaginant déjà étendre leur pouvoir au-delà de la Terre et visant la galaxie montrent jusqu'où peut aller cette soif de conquête. Contribuent-ils à notre épuisement, par leur appétit inextinguible de domination tous azimuts et leur fortune rivalisant avec celle de certains États, ou sont-ils au contraire des ressources pour les autres humains ? La démesure qu'ils incarnent est-elle juste ? Car l'injustice épuise, elle aussi.

Bien sûr, en vouloir plus n'est pas toujours négatif, et peut signer une saine ambition.

Toujours courir… pour quoi ?

La question se pose : quel(s) but(s) servons-nous par notre démesure actuelle ? Dans quel sens vont nos actions ? Servons-nous de nobles desseins ou sommes-nous prisonniers de notre ego qui enfle, telle la grenouille de la fable de La Fontaine[1] ?

1. La Fontaine, « La grenouille qui veut se faire plus grosse que le bœuf », *Fables*, 1668.

Une Grenouille vit un Bœuf
Qui lui sembla de belle taille.
Elle qui n'était pas grosse en tout comme un œuf,
Envieuse s'étend, et s'enfle, et se travaille
Pour égaler l'animal en grosseur,
Disant : Regardez bien, ma sœur ;
Est-ce assez ? dites-moi ; n'y suis-je point encore ?
Nenni. M'y voici donc ? Point du tout. M'y voilà ?
Vous n'en approchez point. La chétive Pécore
S'enfla si bien qu'elle creva.
Le monde est plein de gens qui ne sont pas plus sages :
Tout bourgeois veut bâtir comme les grands seigneurs,
Tout petit prince a des ambassadeurs,
Tout marquis veut avoir des pages.

Glenn Albrecht parle de « "mort émotionnelle" chez les personnes qui ne manifestent plus la moindre réaction à la fin, la mort ou à la perte de la nature. Ils n'ont plus l'attention nécessaire pour discerner ce qu'il reste de nature encore bien vivante, qu'ils ignorent et ne jugent pas pertinente pour leurs projets de vie individuels. Et à l'ère de la technologie et de la dictature numérique, cette forme de mort émotionnelle vis-à-vis de l'environnement se répand[1] ».

Il nous faut donc développer des facultés d'autocontrôle. La simple volonté n'étant pas très efficace, trouver d'autres façons de satisfaire nos appétits est une direction à explorer.

1. *Op. cit.*, p. 121.

Des prises de conscience sont indispensables, notamment celle d'un rapport à la nature et à la mort différent, tout comme la nécessité de discuter de ce qui nous taraude et nous vole de l'énergie.

Christiane Singer nous avait déjà alertés, dans son ouvrage *Où cours-tu ? Ne sais-tu pas que le ciel est en toi ?* :

« Il est difficile au milieu du brouhaha de notre "civilisation" qui a le vide et le silence en horreur d'entendre la petite phrase qui, à elle seule, peut faire basculer une vie : "Où cours-tu ?"

De mode en mode, de nouveauté en nouveauté, d'innovation en innovation, de catastrophe du jour en catastrophe du jour – "Rien n'est plus vieux que le journal d'hier[1]" – nous voilà fouettés en avant comme des cerceaux ! Slogans, rythmes, musiques de fond, logorrhée sournoise d'une radio toujours branchée, cris, appels nous incitant à courir plus vite, à laisser derrière nous les tombereaux de déchets, d'immondices que nous produisons sans répit. Sans projet de civilisation, sans vision, nous ne faisons qu'amplifier la sono et foncer [...]

Il y a des fuites qui sauvent la vie : devant un serpent, un tigre, un meurtrier.

Il en est qui la coûtent : la fuite devant soi-même. Et la fuite de ce siècle devant lui-même est celle de chacun de nous.

Comment suspendre cette cavale forcée, sinon en commençant par nous, en considérant l'enclave de notre

1. Paul Valéry.

existence comme le microcosme du destin collectif ? [...] Je serai encore en cavale si, au milieu d'une crise profonde, la petite question n'avait pas atteint mon oreille : "Où cours-tu[1] ?" »

La mauvaise alimentation et l'épuisement global

Nous venons d'évoquer les problèmes liés à l'agriculture et l'élevage intensifs, dus à notre avidité de produire toujours plus pour moins cher des tonnes de produits alimentaires, accessibles, addictifs du fait de leur composition et qui conduisent au surpoids et à l'obésité.

En 2016, l'OMS faisait le constat suivant : presque deux milliards d'individus de plus de dix-huit ans sont en surpoids. Treize pour cent de la population mondiale sont obèses. Ces chiffres ont triplé en quarante ans. En 2030, on s'attend à ce que 40 % de l'humanité soit en surpoids, avec 20 % de personnes obèses. L'obésité est devenue la deuxième cause de mortalité en Europe après le tabac. Elle coûte cher, en soins de santé et en vies humaines. Elle tue par le biais des maladies cardiovasculaires, du diabète, des cancers. Chaque année, on estime que près de trois millions de personnes décèdent à cause de l'obésité, avec un coût annuel de plus de 200 milliards de dollars, rien qu'aux États-Unis[2].

1. Christiane Singer, *Où cours-tu ? Ne sais-tu pas que le ciel est en toi ?*, Livre de poche, pp. 9-10.
2. *Op. cit.*, p. 56.

Des denrées moins coûteuses ne sont, bien sûr, pas un problème en elles-mêmes. En revanche, leur mauvaise qualité et nos récentes habitudes alimentaires en sont un. Ces cinquante dernières années, nous sommes passés d'une alimentation issue d'une production rurale, locale et bio à une alimentation industrielle, imbibée de pesticides et fongicides, parfois venant de très loin.

Nous avons évoqué également les difficultés grandissantes du monde du travail, la pression sur les individus qui font toujours plus avec moins, la massification et l'omnipotence laissées aux moyens de communication, télévision et réseaux sociaux (écrans), qui nous sollicitent à outrance, conduisent à l'infobésité, et nous épuisent totalement. Nos systèmes nerveux et digestif, s'ils pouvaient parler, pousseraient de grands cris en nous implorant d'arrêter nos folies.

Mais ce n'est pas tout.

Notre régime alimentaire trop gras, trop sucré et trop salé, notre façon de manger souvent trop rapide, la mauvaise qualité nutritionnelle et la toxicité de ce que nous ingurgitons contribue, en plus de notre état émotionnel, à une fatigue de fond, qui concerne à la fois le corps et l'esprit. Notre corps, souvent privé de bons nutriments et fragilisé par l'absorption de produits chimiques, transformés et délétères pour la santé, résiste de plus en plus mal et, outre la fatigue, nous observons la multiplication de maladies auto-immunes, de cancers, allergies, diabètes, pathologies cardio-vasculaires…

Nos systèmes nerveux et endocrinien sont eux aussi totalement épuisés : dépression, frilosité, épuisement chronique, etc. Quant à notre système digestif, il est enflammé, avec son lot de ballonnements, constipation ou au contraire diarrhées. La liste s'allonge d'année en année. L'absence d'exercice physique nous maintient aussi dans un état de fatigue qui, petit à petit, devient épuisement. Et si en plus nous nous imposons des régimes amaigrissants, qui n'amaigrissent que notre porte-monnaie et notre espoir, c'est la porte ouverte au découragement chronique, qui nous plonge tout droit vers le surpoids, l'obésité et/ou la dépression[1].

> Quel est votre régime alimentaire ? Vous réveillez-vous parfois dans la nuit ? À quelle heure ? Avez-vous grossi dernièrement ? Si oui, combien de kilos avez-vous pris ? Vous sentez-vous capable de modifier votre hygiène de vie, notamment votre alimentation, ou pas ? Êtes-vous actif ou sédentaire ?

La fatigue : une opportunité pour changer sa vie ?

Carl Gustav Jung, chef de file d'une nouvelle psychanalyse post-freudienne, affirmait que « les crises, les bouleversements et la maladie ne surgissent pas par hasard. Ils nous servent d'indicateurs pour rectifier une trajectoire, explorer de nouvelles orientations, expérimenter un autre chemin de vie ». Il avait compris que la

1. Voir à ce sujet l'excellent ouvrage de Michel Desmurget *L'Anti-régime*, Pocket, 2018.

maladie n'était peut-être pas tant le fléau à combattre : porter à notre conscience la stratégie qui nous a mené là à notre insu pouvait être une voie essentielle de compréhension pour la guérison.

Hippocrate, lui, écrivait : « Lorsque l'on tombe malade, il faut changer sa manière de vivre, car il n'y a pas de guérison sans un effort mental et spirituel. » Il avait déjà bien compris l'influence du psychisme dans le processus des maladies. Tout est lié.

Ainsi, « toute maladie, même de cause identifiée comme une infection, devrait être considérée comme un signe de déséquilibre de nos fonctions vitales, tel un voyant qui s'allumerait sur le tableau de bord de notre santé pour nous prévenir d'un risque[1] ». Depuis des millénaires, d'autres cultures que la nôtre insistent sur la prévention des maladies en mettant l'accent sur la voie du milieu (ni excès ni manque), en insistant sur le rééquilibrage global et sur le fait de prendre du temps pour s'occuper de soi afin de préserver sa santé. C'est à chacun d'entre nous qu'il appartient de le faire. Nous participons, et l'État aide. Nous avons, en France, un système de santé fantastique qui malheureusement se trouve grandement en déficit par les sommes ahurissantes qu'il dépense dans les soins. Ne faudrait-il pas revoir la distribution de l'argent, notamment en faveur de la prévention, là où la fatigue peut encore s'endiguer, pour peu que l'on prenne le temps nécessaire à sa lecture, ses origines, ses symptômes ?

1. Michel Lallement, *Les Trois Clés de la santé*, Pocket, 2014.

8

La peur ineffable de la mort

Face à la mort, nous avons deux certitudes : nous allons tous mourir, et nous ne savons pas quand. Mais notre ego, notre Moi, nie cette réalité : personne ne veut faire face à cette impermanence. Nous préparer, nous familiariser avec notre finitude nous permet pourtant de vivre de manière pleine et dense. Mais la plupart du temps, en avons-nous conscience, les yeux rivés sur notre portable, en attente d'un prochain message ? En avons-nous conscience, nous qui sommes capables de maintenir les personnes âgées dans une solitude éhontée au sein des Ehpad, privilégiant la survie organique à la vie affective et sociale ?

Déni de la mort, fatigue de la vie

Le vivant se transforme sans cesse, l'avez-vous remarqué ? Hier, nous pouvions faire ceci ou cela, aujourd'hui, les choses ont déjà changé. Les ruptures sont inévitables. Si nous nions le potentiel de changement de toute chose, alors nous nous attachons à quelque chose qui, par essence, ne dure pas, et c'est là, la racine de notre souffrance. En voulant retenir absolument quelque chose qui va changer, nous ignorons le mouvement, et préparons déjà notre malheur. En niant l'impermanence, on obtient un bien-être immédiat, mais il reste de courte durée, l'immédiateté étant, par nature, éphémère. Et ce déni, qui est celui de la vie elle-même, nous fatigue.

Dans nos sociétés occidentales, nous avons appris qu'il y avait deux états : la vie d'une part, la mort d'autre part. Cette vision linéaire est différente de celle des bouddhistes, par exemple, qui eux voient les choses de façon circulaire : la mort est dans chaque instant, à peine nous attachons-nous à un moment qu'il est déjà passé. Nous ne pouvons que nous adapter et accepter cette impermanence des émotions qui nous traversent, de nos attachements (qu'ils soient matériels ou pas), en développant un espace conscient de ce que nous sommes en train de vivre.

Dans la vie, il y a ce que nous faisons et ce que nous sommes. Nous sommes dans le « faire » lorsque nous exerçons notre métier, par exemple, lorsque nous pratiquons des activités au sein de la société. Nous sommes dans l'« être » lorsque nous parlons vrai, à cœur ouvert avec une personne par exemple.

Marie de Hennezel[1] et Bertrand Vergely nous livrent leur réflexion : « Le respect, l'amour nous font toucher la notion d'être. Ce sont les moments heureux et profonds de la vie à l'occasion desquels on se sent exister.

1. Marie de Hennezel et Bertrand Vergely, *Une vie pour se mettre au monde*, Livre de poche, p. 131 *et sq*.

Malheureusement, on est souvent dans le faire et non dans l'être. On fait les choses, sans grand respect, sans grande conscience. Il est toutefois possible de réconcilier le faire et l'être. C'est ce que fait l'œuvre. [...] Tout ce qui communique l'envie de vivre relève de l'œuvre. [...] La modernité qui n'a pas mûri [...] veut tout contrôler. Elle veut que tout vienne d'elle. [...] La vie et la mort ainsi pensées deviennent des objets de consommation [...]. Il y a quelque chose dans cette peur de ne pas être qui finit par dévaloriser la vie [...]. Peur qui ne tolère plus la vie, avec ses aléas, ses épreuves, ses confrontations, ses échecs ; cette logique qui refuse le risque et l'audace anesthésie le monde. Elle lui vole sa vitalité. Elle le rend frileux, peureux, exsangue, exténué, en le remplissant de regards amers, de mines piteuses, de visages tristes et aigris. [...] Il est interdit de ne pas faire vivre l'homme. Il est interdit de faire régresser l'homme. [...] On a la force de mourir parce qu'il est vivant de mourir. »

La fatigue mortifère

La peur existentielle, celle qui ne peut nous mener à cette réflexion sur la mort, fatigue. Car elle nous empêche de vivre notre humanité. L'humanité vivante, c'est celle qui fait entrer la mort dans ce qui nous relie les uns aux autres. Tant que l'on n'aura pas intégré cela, nous continuerons à vivre séparés, dans la peur et la confusion, constamment exténués car dans l'ignorance de ce que nous avons de grand en nous et que nous maintenons asphyxié.

Cette fatigue mortifère, c'est celle des fins de vie non accompagnées, que nous acceptons presque sans broncher. C'est un véritable déni de la mort, et qui nous appauvrit terriblement, car il génère de l'angoisse là où il devrait y avoir de la paix.

Or, ne nous y trompons pas : le vide généré par l'absence de liens avec les mourants, et de rituels dignes, génère énormément de fatigue liée à la dépression, au regret, à la culpabilité, au désespoir, au souvenir malheureux... La prétendue perfection de nos précautions nous empêche en réalité de vivre nos vraies vies d'humains, en nous ôtant la conscience de notre vulnérabilité et de notre finitude. Comme le souligne la psychologue Marie de Hennezel : « Ce déni de la mort appauvrit nos vies. En faisant comme si la mort n'avait pas d'incidence sur notre manière de vivre, nous croyons vivre mieux, mais c'est l'inverse qui se produit. Nous restons souvent à la surface des choses, loin de l'essentiel. Ensuite, ce déni entretient une illusion, celle de la toute-puissance scientifique et technologique, celle du progrès infini. Avec ce fantasme incroyable : imaginer qu'un jour on pourrait avoir raison de la mort. Enfin, le déni de la mort nous conduit à ignorer tout ce qui relève de la vulnérabilité. Il est responsable d'une perte d'humanité, d'une perte de la culture de l'accompagnement, avec les souffrances qui y sont associées[1]. »

---

1. Tribune du *Monde,* 4 mai 2020.
https://www.lemonde.fr/idees/article/2020/05/04/marie-de-hennezel-l-epidemie-de-covid-19-porte-a-son-paroxysme-le-deni-de-mort_6038548_3232.html

Pendant la pandémie de Covid, nombre de personnes ont été abandonnées à leur sort, et c'est ce qui a été insupportable pour leurs proches. Personne n'avait le droit de les visiter, pas même leur famille. Le paradoxe, c'est qu'on les a isolées par souci de protection. Qui et que protège-t-on ici ? L'accompagnement permet à une rencontre de se faire, à un rituel de s'imaginer, à un adieu de se ritualiser. Un deuil difficile épuise, laissant dans une marmite émotionnelle tous les proches du défunt qui n'auront pu lui dire au revoir.

À force de vouloir préserver la vie d'une façon technique, hygiéniste, selon des critères sanitaires précis, nous en oublions les gestes, rites, qui permettent aux humains d'honorer ce mystère qu'est la mort, honorer le mourant en lui conférant la dignité de sa condition humaine. Et nous omettons également de nous poser et nous interroger intelligemment sur la suite que nous voulons donner à nos vies collectives, en nous précipitant dans le fantasme de recommencer nos routines comme si de rien n'était.

Mon amie Laurence Mourey, docteur en médecine chinoise et exerçant à Albi, m'a rappelé ceci : chez les personnes âgées, une grosse cause de fatigue est le dessèchement, la déshydratation des cellules et des tissus du corps. On doit faire tout ce que l'on peut pour rester hydraté. La déshydratation physique est une cause de fatigue très importante chez les anciens. L'eau, bien sûr, sa qualité, son abondance et aussi sa bonne captation par des cellules désengorgées et vivaces, sont les questions qui se posent pour ces personnes, mais aussi pour tous, pour le futur.

Car nous aussi, par nos absences, notre ignorance et notre arrogance à l'égard de la mort, nous nous desséchons. On se dévitalise par manque de ritualisation des événements importants de la vie et manque de sens. Nous ne réfléchissons plus avec le cœur. Or, le réapprendre réhydraterait notre humanité, et notre sens de la communauté. Nous pourrions ainsi grandir et imaginer d'autres possibles à partir de notre pensée bien sûr, mais aussi à partir de notre cœur, et être conduits vers un imaginaire d'un autre type.

SECONDE PARTIE

Changer (à son rythme) pour retrouver sa vitalité et la joie de vivre

« La conscience est un espace très vaste à habiter.
Demeurer dans la conscience à tout moment
implique de s'en remettre à tous ses sens,
d'entrer en contact avec des paysages intérieurs
et extérieurs formant un tout indivisible,
et donc avec toute la vie qui se déploie
dans sa plénitude à tout moment
et partout où l'on se trouve,
à l'intérieur comme à l'extérieur »[1].

Jon Kabat-Zinn

1. Jon Kabat-Zinn, *Méditer*, Marabout, 2010.

9

Recherches récentes et liens avec la fatigue mentale

L'augmentation des maladies chroniques (fibromyalgie, fatigue chronique, maladie de Crohn, diabète...), neurodégénératives (Parkinson, sclérose en plaques...), qui entraînent une fatigue intense et/ou lancinante, permanente, et même l'autisme[1], ne peuvent être expliquées seulement par la génétique. Selon Michel Neunlist, chercheur et responsable d'unité à l'Inserm[2], l'intestin est ainsi de plus en plus reconnu comme étant au cœur de nos maladies. Pour pouvoir faire un lien intelligent entre la fatigue mentale et notre système digestif, un détour s'impose pour bien comprendre les secrets de nos entrailles, et les liens avec notre cerveau.

En quoi nos intestins peuvent-ils jouer un rôle dans la fatigue et, plus encore, dans la fatigue mentale ? Nous comprenons leur impact sur notre dynamisme et notre

---

1. Tout comme les maladies chroniques évoquées plus tôt et d'autres maladies neurodégénératives, « la grande augmentation des cas d'autisme ne peut pas s'expliquer par un remodelage génétique pur si ce n'est en incluant des facteurs environnementaux, en passant de 1 cas sur 4 000 personnes à 1 cas sur 68 au cours des quarante dernières années », *in* Michel Neunlist, https://vimeo.com/173325420

2. Institut national de la santé et de la recherche médicale.

joie de vivre lorsque nous mangeons trop, et que, le lendemain, nous nous réveillons vaseux, fatigué et sans forces. Oui, nos intestins peuvent nous aider à retrouver de l'énergie, si nous prenons conscience de leur place, de leur fonctionnement et leur utilité au-delà de la simple assimilation des aliments.

Notre système digestif est en effet un organe majeur pour notre santé et notre bien-être. Ouvert sur notre environnement – les aliments que nous achetons et ingérons –, il vit en symbiose avec lui, respire avec lui bien plus que ce que nous pensons. Ce que nous mangeons, il l'intègre et le redistribue dans notre sang, et donc dans tous nos organes. La nourriture, mais aussi nos états émotionnels, laissent une empreinte qui, jour après jour, façonne et affecte nos organes internes.

Le rôle insoupçonné des intestins

Quarante mètres de long, 400 m^2 (soit un terrain de tennis) une fois leur peau dépliée et étalée, les intestins sont aussi nommés « deuxième cerveau » car ils sont tapissés de cellules nerveuses (200 millions de neurones soit l'équivalent du cerveau d'un chat), grâce auxquelles les aliments que nous ingérons sont transportés et absorbés. Les parois des intestins produisent même 95 % de la sérotonine surnommée aussi « l'hormone du bonheur » ! Les hormones ne sont donc pas produites uniquement par le « premier » cerveau ! Ces découvertes récentes sont remplies de promesses et vont bouleverser nos croyances et habitudes de vie dans les années à venir.

À l'origine de ce second système nerveux : une migration de cellules. En effet, dès la septième semaine de grossesse, une partie des cellules qui formeront le futur système nerveux central (SNC) de l'embryon/fœtus se dirige vers ce qui va devenir notre appareil digestif, formant un réseau de neurones appelé « système nerveux entérique » (SNE). Le transport du bol alimentaire (qui est la nourriture mâchée et imprégnée de salive qui descend alors dans nos organes) se fait hors de notre contrôle conscient, grâce au SNE et à ses cellules nerveuses qui assurent cette fonction. Sans lui, nous serions uniquement destinés à notre digestion, et nous ne pourrions pas réfléchir tout en mangeant.

Plus surprenant : 80 % de la communication intestin-cerveau se fait des intestins vers le cerveau, 20 % dans le sens inverse. Cette interaction est cruciale pour comprendre ce qui peut engendrer certaines fatigues. Pour preuve : cette léthargie qui vous gagne après un repas un peu trop lourd et copieux, et la difficulté que vous avez alors à lutter contre le sommeil, ainsi qu'à garder une pensée claire ! Mangez léger et votre pensée, votre tonus seront immédiatement bien meilleurs.

Il a été récemment démontré que des atteintes de ce SNE engendrent des maladies neurologiques (Parkinson, sclérose en plaques...), sources d'une fatigue intense et constante. L'autisme, nous l'avons évoqué plus haut, semble également concerné. Ces dégénérescences pourraient participer à une hyperperméabilité des parois de l'intestin et être à l'origine des rechutes et pronostics défavorables de ces maladies.

En effet, autour des intestins se trouve une couche de cellules protectrices, formant une sorte de peau suffisamment poreuse pour laisser passer les nutriments dont le corps a besoin, et suffisamment imperméable pour faire barrière à ce qui est toxique. La porosité correcte de cette barrière intestinale est essentielle à la bonne santé : un défaut dans ces échanges et nous voici plus vulnérables aux agressions extérieures. Le microbiote, appelé aussi « flore intestinale », est un écosystème constitué de micro-organismes (bactéries, champignons, levures) vivant dans notre corps dans un site corporel défini (intestins, peau, nez, bouche, parties génitales...) et en osmose avec lui. Il joue aussi un rôle de plus en plus identifié et documenté, comme nous allons le voir.

Anomalies de la porosité intestinale et fatigue mentale

Les intolérances alimentaires sont toujours consécutives à un certain degré de porosité intestinale. Les aliments les plus toxiques pour l'organisme sont les produits laitiers et le blé[1], surtout lorsqu'ils sont mal dégradés (mauvaise mastication, par exemple) et que leurs protéines rendues alors toxiques entrent dans l'organisme. Ces aliments sont par ailleurs très addictifs. C'est pourquoi les personnes qui en consomment très régulièrement ne peuvent pas tenir plus de quelques jours sans, ce qui signifie en outre qu'elles sont très intoxiquées !

Il suffit que l'état de santé d'un individu soit amélioré par l'arrêt temporaire du lait et/ou du gluten (blé)

1. Michel Lallement, *op. cit.*, p. 66.

pour pouvoir diagnostiquer une intolérance alimentaire, et donc une porosité intestinale, cette dernière n'apparaissant pas lors d'une coloscopie.

Ces intolérances alimentaires sont à étudier de concert avec le déséquilibre du microbiote, un excès de toxicité (consommation d'alcool, gluten, anti-inflammatoires, métaux lourds), ou une dérégulation émotionnelle (accumulation de stress devenant ingérable au quotidien).

Retrouver sa vitalité intestinale

Adopter en premier lieu une alimentation saine, de saison et diversifiée (graisses insaturées, oméga 6 notamment, fibres, légumes...) constitue une première étape incontournable pour renforcer la paroi intestinale et être en meilleure forme physique et mentale.

Hippocrate disait : « Que l'alimentation soit ta première médecine. » Dès l'Antiquité, on se souciait donc de l'impact des aliments sur notre état de santé.

De nouveaux schémas thérapeutiques destinés à renforcer cette barrière sont actuellement réévalués, le SNE pouvant faire l'objet de nouveaux protocoles thérapeutiques comme la neurostimulation[1] digestive, une technique novatrice consistant à utiliser un courant électrique afin de soulager la douleur, traiter la dépression, des maladies chroniques touchant le système digestif, en particulier la maladie de Crohn. De plus en plus, la médecine prend en charge les maladies

1. https://sante.lefigaro.fr/actualite/2015/07/12/23943-neurostimulation-pour-guerir-maladie-crohn

digestives de la même manière que certaines pathologies du cerveau.

Prenez un moment pour vous détendre, respirer lentement et profondément, en expirant à fond. Si vous le pouvez, marchez une vingtaine de minutes (au moins) à grands pas dans la nature, constitue un préalable approprié. Si vous avez eu une dure journée, et que vous avez encore beaucoup de travail, prendre ce temps pour vous sera d'autant plus bénéfique !

Plus tard, lorsque vous irez aux toilettes, prenez le temps de bien respirer, surélevez vos jambes et posez vos pieds sur un petit support de la hauteur d'un rehausseur de voiture pour enfants, et respirez profondément, sans vous presser. Puis balancez-vous doucement d'avant en arrière : vous effectuez ainsi un doux massage de vos intestins.

C'est une superméthode pour détendre tout le système et favoriser votre passage à la selle. Débarrassé ainsi de vos déchets, votre fatigue s'évacuera également.

Qu'est-ce que le microbiote ?

Présentation

Deux kilos : c'est son poids dans le corps d'une personne adulte. Nous abritons dans notre corps environ 100 trillions de micro-organismes (soit dix fois plus que le nombre total de nos cellules) qui évoluent en permanence en fonction de ce que nous ingérons ainsi que des contacts avec d'autres organismes vivants. Le microbiote dépend en partie de notre génétique, de notre histoire et de notre alimentation, à tel point qu'il serait un moyen pour nous identifier aussi fiable qu'une empreinte digitale !

Cette flore intestinale, qui fournit 30 % de nos besoins énergétiques, est une barrière de protection majeure contre les attaques de virus, microbes, etc. Par son action au sein de notre système digestif, le microbiote permet d'apporter une source d'énergie absolument nécessaire au quotidien.

Il est donc primordial pour conserver une bonne santé ; sa dérégulation nous affecte d'une façon aussi importante qu'insoupçonnée.

Un acteur majeur pour l'immunité

Cet écosystème étant composé de bactéries, virus ou champignons, la science, avec Louis Pasteur notamment, a longtemps pensé que l'idéal était un système digestif dépourvu de flore car on pensait que celle-ci provoquait des maladies.

Mais depuis, Élie Metchnikoff, prix Nobel de physiologie et de médecine en 1908, a fait le lien entre longévité et produits fermentés comme le kéfir ou la choucroute, qui sont riches en bactéries[1]. En effet, l'immunité est liée à l'état de notre flore intestinale : la

1. Michel Neunlist, https://www.youtube.com/watch?v=b2Eu7gNQT3Y. Personnellement, je préfère le kombucha au kéfir.

diversité bactérienne est un indice de bonne santé, et notamment dans l'équilibre entre les « bonnes » et les « mauvaises » bactéries.

Sans microbiote, on se développe moins bien, on est en moins bonne santé. Et sa modification *via* des anomalies de la porosité intestinale pourrait avoir une influence majeure sur la longévité ainsi que sur l'accroissement des maladies chroniques et neurodégénératives : en ce qui concerne Parkinson, on pense même que la maladie pourrait commencer dans l'intestin puis migrer dans le cerveau[1]. Ces pathologies sont donc systémiques et multifactorielles. Une étude a montré récemment que le pouvoir prédictif du microbiote était supérieur à celui de nos gènes. Cela signifie que notre santé est en lien avec celle de notre environnement où cette diversité[2] se perd. Cela rejoint nos propos sur la solastalgie : nous, les humains, vivons en symbiose avec la Terre, les animaux, les plantes, les minéraux, et la fragilisation de notre planète entraîne *de facto* la nôtre.

La fatigue mentale : un état d'encrassement du corps ?

Un corps équilibré se détoxifie naturellement. Il le fait quand l'oxygénation est suffisante (activité physique), la régulation émotionnelle fluide, le stress gérable, avec des carences faibles et relatives, une bonne hydratation, une bonne oxygénation, une bonne flore bactérienne, un bon sommeil, etc. L'activité physique permet aux muscles de

1. https://www.news-medical.net/health/Where-Does-Parkinsone28099s-Disease-Originate-(French).aspx
2. Michel Neunlist, https://vimeo.com/173325420

se contracter et de se relâcher, favorisant l'assouplissement des tissus (notamment fascias), ligaments et autres, et la circulation du sang, de la lymphe, etc.

Les symptômes de l'encrassement de notre corps sont en premier lieu la fatigue mentale et physique, des troubles du sommeil, puis surviennent les migraines, les douleurs diverses, les manifestations cutanées. Si on ne fait rien, tout notre système va s'en trouver ralenti, d'autant que le stress décuple l'intoxication, surtout quand, pour compenser, on mange davantage, persuadés qu'on ne peut pas s'arrêter…

Des thérapeutiques de plus en plus nombreuses incluent, en complément des antidépresseurs, l'introduction de probiotiques (ou « bonnes bactéries ») dans le protocole de soin. Les recherches sont en plein essor.

Dépression, fatigue et maladies de l'intestin

À ce stade, il est essentiel de comprendre que tout est lié : ces neurones présents dans nos intestins sont connectés en permanence avec notre cerveau crânien, et notamment la partie émotionnelle de celui-ci, qu'on appelle aussi le « système limbique ». Le cerveau intestinal ressent, prend en charge, assimile les émotions et les difficultés, et l'anxiété qui en découle. Et quand on se ment à soi-même sur ce qui nous préoccupe, nos intestins, eux, disent toujours la vérité.

À la veille d'un événement important, tout le monde a déjà ressenti des troubles digestifs, que ce soit l'impossibilité d'avaler quoi que ce soit, avec des repas même légers qui restent sur l'estomac ou à l'inverse une hyperphagie compulsive, voire une perte de contrôle de nos sphincters entraînant des allers-retours aux toilettes. De même une mauvaise nouvelle peut nous affecter à tel point que notre ventre devient un bloc de béton, et que plus aucun aliment ne passe. Tous ces exemples de la vie quotidienne prouvent bien l'influence de nos émotions sur l'état de notre ventre. La peur, l'anxiété se reflètent dans le deuxième cerveau. Pas étonnant qu'on puisse faire le lien avec la fatigue mentale.

Le ventre, c'est là aussi que l'intuition, la détermination (« Je vais leur montrer ce que j'ai dans le ventre »), les prémonitions émergent et se manifestent... Au lieu d'essayer de le contrôler, il vaudrait mieux apprendre à l'écouter... comme un petit animal de compagnie qui vit toujours avec nous et ressent tout de nous.

Impact du mental sur le ventre

En général, tous ces événements délicats ou difficiles de la vie nous amènent naturellement à ressasser : nous tournons en boucle la mauvaise nouvelle qui vient de tomber, dans l'espoir de nous calmer et de trouver une solution à un problème qui n'en a pourtant pas dans cette sphère rationnelle. En effet, à la veille d'un examen ou d'un entretien qui peut avoir un fort impact sur notre vie, aucun discours intérieur, aucune pensée rationnelle ne pourra nous calmer. Nous sommes angoissés, nous ruminons, avons mal au ventre. Pourtant, en continuant à ressasser, nous risquons de passer une nuit blanche et d'arriver si fatigué et affolé que nous pouvons saboter notre précieux rendez-vous. Il vaut mieux au contraire accueillir son émotion, respirer, se calmer, retrouver l'ancrage dans notre corps et cesser de rester dans notre tête. Plus facile à dire qu'à faire, mais c'est pourtant possible, et nécessaire. C'est ce que propose entre autres la méditation de pleine conscience, par exemple. Sa pratique permet de réguler le mental affolé et les dysfonctionnements gastriques qui y sont associés. Nous reviendrons sur l'ensemble des nouvelles méthodes visant à rester présent et à accueillir les phénomènes qui circulent dans notre expérience. Le calme du mental, s'il n'est pas directement visé, est un bénéfice de ces pratiques. Nous ferons le lien avec les dernières découvertes scientifiques.

Impact du ventre sur la fatigue mentale

Des expériences chez de petits rongeurs ont montré que la flore intestinale avait un lien avec le comportement exploratoire et l'anxiété. Certaines bactéries ont en effet un impact direct sur la dépression et donc sur la capacité à agir. Les imageries modernes permettent de voir la réaction de cellules du SNE au stress : sécrétion de mucus et autres, provoquant la diarrhée par exemple.

En résumé, parce que le cerveau intestinal est doté des mêmes récepteurs nerveux que le cerveau crânien, un état dépressif ou anxieux aura un effet concomitant sur l'un et l'autre. Il en est de même pour les médicaments qui agiront sur ces deux cerveaux également. C'est pour cela que près d'un quart des personnes prenant des antidépresseurs souffre, au début du traitement, de nausées, diarrhée ou constipation.

Méditation du Sourire en Soi

Prévoyez un moment tranquille où vous pourrez vous asseoir en silence pour une méditation d'environ vingt minutes. Asseyez-vous confortablement sur une chaise ou un coussin de méditation (*zafu*).

Commencez votre méditation par quelques respirations profondes, avec l'expiration plus longue que l'inspiration (deux fois plus si vous pouvez).

Prenez le temps de vous poser dans votre espace de méditation. Du mieux que vous pouvez, soyez juste dans ce calme qui favorise une attitude souriante – sourire au matin, à la journée qui s'éveille, dans une attitude souriante à vous-même, pour vous accueillir vous-même. Et puis installez-vous bien dans votre posture : conscience du contact des pieds sur le sol, conscience de votre bassin posé sur vos ischions (os des fessiers). Pour cela, faites des petites rotations, juste pour sentir que vous êtes au bon endroit de votre assise. Puis sentez votre colonne, son étirement, son élévation, alignez l'arrière du crâne avec la nuque. Relâchez les mâchoires, les épaules, le ventre. Installez vos mains sur vos genoux. Sentez la stabilité de votre posture, sentez-en la verticalité, et la dignité.

Je vous invite à présent à observer votre respiration au niveau de votre ventre. Observez instant après instant le ventre qui se gonfle, également sur les côtés, observez où s'arrête cette sensation, puis observez comment votre ventre reprend sa place. Maintenez la détente de vos épaules, continuez à sentir votre respiration abdominale.

Puisque nous respirons et sourions à partir de notre ventre, je vous propose d'aller à l'intérieur de vous, et de dire bonjour à tous vos organes. Soyez dans la juste présence à chaque organe, un peu comme une directrice ou un directeur d'usine qui vient dire bonjour, échanger un sourire avec les employés qui travaillent ici. Vous pouvez faire cela pour chacun de vos organes, digestifs d'abord, puis les autres : le cœur, le poumon droit, gauche... Je vous invite ensuite à continuer d'accueillir ce qui est là, de respirer à l'intérieur des douleurs qui se présentent, de sentir la tendresse et la compassion pour vous et vos organes qui souffrent. Avoir cette attitude de bienvenue à vous-même, et à tous les petits travailleurs à l'intérieur de vous. Si des pensées surviennent et que votre attention se trouve happée par mille choses, revenez simplement à votre posture, votre respiration. Lorsque le calme est revenu, reprenez votre pratique méditative de sourire à vos organes.

Je vous invite à respirer large à présent, toujours à partir de votre ventre, et sentez que tout votre corps respire. Respirez ainsi quelques minutes.

La méditation du Sourire Intérieur, que j'ai remaniée à ma façon ici, est une pratique ancestrale, revisitée par Mantak Chia, grand maître taoïste qui enseigne à travers le monde depuis des décennies. Visant une détente profonde et une vitalité retrouvée des organes internes, cette méditation nous amène à porter plus d'attention à ce qui vit à l'intérieur de nous, glandes, colonne vertébrale et autres parties du corps qui œuvrent pour notre vie et notre santé et que nous ignorons jusqu'à ce qu'elles deviennent douloureuses, malades ou souffrantes. Cette pratique réveille la compréhension de notre corps, et développe la compassion à son égard et à celui de notre personne tout entière. Visualiser, sourire puis envoyer de l'amour à un organe de votre choix est une puissante intention qui calme et apaise.

Catherine vient me voir car elle vient de découvrir qu'elle souffre d'endométriose. Face à sa difficulté d'être enceinte, elle a consulté avec son mari et a appris la terrible nouvelle.

En parlant avec elle, je m'aperçois qu'elle déteste cette partie de son corps malade qui l'empêche de procréer et de continuer sa vie de jeune femme et d'épouse telle qu'elle l'avait espérée et prévue. Peut-elle imaginer que son utérus souffre de ce sentiment de colère et de rejet ? Elle ne le sait pas, et conçoit difficilement que ses organes puissent subir ce désamour !...

Je pratique alors avec elle une forme de méditation du Sourire Intérieur. Je me laisse inspirer par l'univers qu'elle m'a décrit pendant la demi-heure qui a précédé, et l'invite à s'approcher de ses ovaires, puis de son utérus, qui lui cause tant de souffrance. Petit à petit, je l'amène à visualiser une tendresse et une compassion pour lui, qui aimerait tant pouvoir fonctionner et qui s'en trouve empêché, et en souffrance. Catherine a des larmes qui coulent lorsqu'elle se met à sourire à son utérus intérieurement.

À la fin de la méditation, elle me dira que c'était la première fois qu'elle avait des pensées positives et réellement tendres pour cette partie de son corps, qu'elle tenait jusqu'à présent comme responsable de tous ses maux. Elle a ensuite compris, à partir de son ressenti intérieur, que se réconcilier avec cet organe, à qui elle faisait la guerre, lui adoucissait la vie, en la détendant.

Cette pratique rejoint celle de la compassion. Catherine a pu se faire opérer en prenant soin d'elle, et m'a appelée deux ans plus tard pour m'apprendre la naissance de son premier enfant. « Mais, a-t-elle ajouté, même si je n'étais pas tombée enceinte, cette réconciliation aura quand même été un moment clé sur mon chemin pour ma propre paix, et m'aura changé la vie. »

Comment prévenir la fatigue mentale liée au système digestif ?

Les douleurs abdominales sont la première cause de consultation aux urgences. Mais parfois, il n'y a rien, c'est-à-dire aucune lésion somatique. On dit alors que c'est psychosomatique. Pourtant, certaines personnes sont épuisées par leurs maux de ventre chroniques. Car quand on dit que c'est « psychosomatique », cela ne veut pas dire que la douleur n'existe pas. Depuis ces nouvelles découvertes sur les liens intestins-cerveau, on se dirige vers une compréhension beaucoup plus systémique et holistique de nos maux.

Appréhender les logiques complémentaires : les autres médecines

Aujourd'hui, avec les récentes découvertes des neurosciences, notre esprit cartésien occidental compartimente moins et se rapproche de ce que décrivent les médecines d'autres continents.

La médecine chinoise considère les organes et les systèmes du corps comme un tout, interagissant ensemble et où l'énergie (« Qi ») doit normalement circuler *via* les méridiens et chemins énergétiques du corps. Ces derniers relient des organes (foie, reins…) à une émotion particulière (colère, peur). Le but de l'approche traditionnelle chinoise est de réharmoniser l'ensemble, corps et esprit.

Le célèbre psychiatre David Servan-Schreiber nous faisant part, dans son livre *Guérir*, de sa découverte avec l'Institut de médecine chinoise tibétaine. Il y rapporte sa rencontre avec un praticien qui lui confie qu'au lieu de parler de « fatigue », qui serait la manifestation physique d'un problème mental, la médecine chinoise considère au contraire qu'un tel symptôme est plutôt l'aspect d'un déséquilibre sous-jacent dans la circulation de l'énergie (« Qi »). Pour la réguler, trois choses : la méditation, la nutrition et l'acupuncture. Le *French doctor* avouait qu'il avait alors pensé à l'effet placebo, et qu'il avait laissé tomber la conversation. Mais finalement, à l'instar d'un autre célèbre médecin[1], Thierry Janssen, il y est finalement revenu.

1. Je conseille la lecture de l'excellent ouvrage de Thierry Janssen *La Solution intérieure. Vers une nouvelle médecine du corps et de l'esprit*, Pocket, 2006. Toutes ces médecines y sont présentées très clairement.

Dans cette médecine, les problèmes digestifs sont non seulement attribués à l'alimentation mais aussi aux émotions et à ce qui se passe dans notre vie présente (même si c'est en fait le passé qui remonte). Le massage du ventre, par exemple, ou *chi nei tsang* est une excellente thérapie préventive et réparatrice, utile dans plusieurs situations. Le ventre idéal doit présenter des organes souples, la circulation doit se faire de façon fluide. La phytothérapie, l'acupuncture, le tai-chi sont des pratiques complémentaires qui vont avec cette médecine, que l'on comprend de mieux en mieux grâce à l'éclairage de ces nouvelles recherches sur les liens intestins-cerveau.

En médecine ayurvédique, le massage est une thérapeutique incontournable, qui fait intégralement partie du processus de soin. Le toucher apaise le système nerveux, quel qu'il soit. Les trois *doshas* (Vâta, Pitta et Kâpha) sont les énergies vitales que l'ayurvéda cherche à harmoniser. Ama désigne les toxines et cette médecine considère que son accumulation est la source des problèmes de santé.

Le centre de gravité, le *hara* pour les Japonais, est essentiel à sentir. Trouver son centre est le but de bien des arts martiaux méditatifs, fruits de la sagesse des penseurs ancestraux. Ainsi relire Lao-Tseu, ou d'autres sages, et pratiquer une voie, qu'elle soit chinoise, indienne, japonaise ou autre, est tout à fait opportun si on veut harmoniser corps, âme et esprit et retrouver la paix intérieure.

La naturopathie d'orientation vitaliste privilégie une alimentation vivante, à base d'aliments 100 % naturels (c'est-à-dire non transformés avec une haute qualité nutritive et énergétique) et une cohérence entre tous les aspects de notre vie. Elle s'occupe de l'être humain de façon holistique, consciente que le mental, le corps, le spirituel sont reliés entre eux, interconnectés par des liens voulus par Dame Nature.

Et il ne faudrait pas oublier la médecine énergétique au sens large. Nous l'évoquerons plus loin. Aujourd'hui, chamanes, guérisseurs, énergéticiens ont aussi leur place dans le domaine du soin et de la prévention. Sans oublier, bien sûr, l'ostéopathe, et tout professionnel qui va favoriser un toucher thérapeutique et apaisant.

Une alimentation antifatigue existe-t-elle ?

Une alimentation saine, diversifiée, non transformée, bio, sans pesticide et vivante (une cuisson à la vapeur jusqu'à 40 degrés conservera sa richesse nutritive) est une base de plus en plus reconnue et importante pour rester en bonne santé.

Privilégier :

<u>Les végétaux.</u> Il est impossible de rester durablement en bonne santé si l'on ne consomme pas quotidiennement des végétaux. Les fruits et légumes sont à choisir bio, de saison et locaux.

<u>L'alimentation vivante</u> apporte beaucoup de vitalité à travers les nutriments, les minéraux et les enzymes non transformés. Elle consiste à se nourrir d'aliments bruts, naturels, contenant encore l'ensemble de leurs principes actifs. Elle devrait composer 50 % de notre alimenta-

tion, selon le Dr Michel Lallement, auteur de plusieurs ouvrages sur le sujet.

Les graines germées sont économiques car il est facile de les produire soi-même. Elles sont de véritables bombes nutritionnelles (dans le bon sens).

L'absorption de *levures vivantes* (boissons fermentées comme le kéfir, le kombucha), *fromages fermentés* (les bleus... avec modération), *légumes lacto-fermentés* est désormais largement recommandée[1].

Les bonnes graisses. Ce sont celles que l'on trouve dans les oléagineux (amandes, noix, noisettes, pignons, pistaches...) que l'on peut consommer tels quels, ou sous forme d'huile. L'avocat est une excellente source de bonne graisse végétale. Les petits poissons (maquereaux, sardines...) sont intéressants aussi pour leur teneur en oméga 3 et leurs graisses insaturées.

Privilégier les petites volailles (poulets, dindes notamment) élevées dans de bonnes conditions de vie, c'est-à-dire en liberté (la mention « Poules élevées en plein air » ne signifie pas pour autant que les volailles ont évolué à l'air frais, dans une herbe grasse et verte, et encore moins sous le soleil[2]), nourries avec des aliments naturels et adaptés à leur espèce.

Les algues marines alimentaires. Elles sont merveilleusement nutritives.

1. Lisez pour cela les livres notamment de Marion Kaplan et de Michel Lallement, des Docteurs Joyeux : Seignalet, Donatini... pour vous faire une idée. Et suivez les stages de mon amie Marie-Joseph Lachal, naturopathe dans le Périgord.

2. https://www.rtl.fr/actu/bien-etre/oeufs-les-poules-elevees-en-plein-air-n-ont-pas-toujours-le-bec-dehors-7792329891

Proscrire ou éviter :

Les aliments industriels, transformés, contenant des conservateurs, ou même tout simplement trop cuits.

Les sucres rapides que sont la farine raffinée et le sucre blanc, véritables poisons pour l'organisme, plus addictifs encore que la cocaïne (mais qui sont autorisés à la consommation pour tous et sans limite au regard de la loi). Plus l'aliment a été raffiné (c'est le cas du sucre blanc), et cuit longtemps, plus l'indice glycémique augmente et plus il est toxique.

La viande autre que la volaille, et la charcuterie.

Les produits laitiers surtout de vache car ils participent fortement à l'acidification de l'organisme. Les déguster avec modération dans la semaine. Personnellement, je n'en prends qu'au restaurant.

Le gluten, qui se trouve dans tous les blés, le seigle, l'avoine et l'orge. Beaucoup de personnes sont intolérantes au gluten sans le savoir forcément. Celui-ci entraîne souvent des ballonnements, des lourdeurs digestives et beaucoup de fatigue. Il faut donc le supprimer ou le réduire considérablement et le remplacer par les autres céréales telles que le riz complet, le sarrasin, le millet, le maïs, quinoa…

Les produits transformés en général, tels les gâteaux, biscuits, plats cuisinés industriels.

Et les excitants, café, thé, alcool, à consommer avec modération, jamais tous les jours.

Il n'est pas facile de changer ses habitudes alimentaires, certes, mais cela est possible avec du temps et de la persévérance. Il suffit de commencer, puis de continuer, et de recommencer et de continuer à nouveau et... ainsi de suite avec beaucoup d'empathie et de compréhension pour soi-même.

Mais nous pouvons aussi nous donner le temps pour changer et évoluer dans nos goûts et nos habitudes. Vous êtes en train d'apprendre de nouvelles habitudes, prenez le temps de la métamorphose. Personnellement, je tends vers, mais parfois, comme tout le monde, je fais des excès... Et ce n'est pas grave. Chacun d'entre nous fait ce qu'il peut, du mieux qu'il peut.

Être à l'écoute de soi-même

Ainsi, prendre soin de son ventre, de ses intestins est une vraie nécessité, et même une priorité. Il y a des symptômes avant la maladie, une transition de l'état de santé où la fatigue, en général, s'invite. Ce n'est donc pas un luxe de savoir s'écouter. Toute pathologie peut être vue comme une rupture de l'homéostasie, qui est la capacité de maintenir un organe en santé en réponse à des nécessités. C'est quand on ne peut plus conserver une réponse équilibrée aux contraintes que se développent les maladies, dont la fatigue est en général un premier signe pas toujours perçu. Pour éviter la rupture, la médecine préventive est une routine à adopter pour prendre soin de soi-même, et pas seulement quand rien ne va plus.

De plus en plus d'écoles et de centres de naturopathie voient le jour. De nouveaux métiers en lien avec l'accompagnement nutritionnel intéressent de plus en plus de monde. De même, le jeûne et ses bienfaits retrouvent une deuxième « jeunesse », des associations accompagnant les jeûneurs *via* de nombreux stages dynamiques et pédagogiques.

L'exercice physique est bien sûr central dans toutes ces thérapeutiques, permettant de booster leur efficacité. La sédentarité rend dépressif et fatigue, les études le prouvent[1]. Le cardio, la musculation et la souplesse sont à privilégier pour optimiser sa forme tant physique que mentale.

Une pratique de trente minutes d'oxygénation par jour (dont des mouvements doux comme des assouplissements ou étirements en respirant correctement) permet de limiter le stress oxydatif, d'activer les muscles et la circulation des liquides corporels (lymphe, sang, etc.), aidant ainsi à l'élimination des toxines. Cette habitude quotidienne a aussi un effet bénéfique sur le mental et la régulation émotionnelle (nous parlerons du rôle du nerf vague plus loin). Selon les données recueillies par Michel Lallement, la sédentarité tuerait davantage qu'alcool et tabac réunis.

L'intestin apparaît donc comme un organe central dans la santé et notamment dans celle du cerveau. Il s'occupe de nous faire « digérer », au sens propre comme au sens figuré, les événements que nous traversons, il est en lien étroit avec nos états d'âme. Pour apaiser son intestin,

1. https://www.cerveauetpsycho.fr/sd/therapie/le-sport-contre-la-depression-9508.php, et David Servan-Schreiber, *Guérir*, *op. cit.*, p. 185 et suivantes, pour ne citer que ces références.

il faut apaiser sa relation au monde : prendre soin de ce que l'on mange, lâcher prise, s'ouvrir aux autres, prendre le temps.

Soigner les maladies du cerveau en ciblant le ventre est donc primordial. À « Que l'aliment soit ton médicament », j'ajouterais : « et que la détente profonde le soit également ».

10

Entre biologie et psychologie : les nouvelles découvertes

La théorie polyvagale

Pour que nous ne soyons pas toujours en train de penser à digérer, respirer, le système nerveux autonome (SNA) s'occupe, entre autres, de ces fonctions de façon automatique. Il est divisé en trois parties : système nerveux sympathique (SNS), parasympathique ou vagal (SV) et entérique (SNE).

Le nerf vague, le plus long nerf du corps, relie l'appareil digestif au cerveau, innerve la partie du cœur et des poumons et transmet des informations diverses. Il est double et comprend une partie ventrale (connectée aux organes qui sont sous le diaphragme) et une partie dorsale (au-dessus du diaphragme).

Il est très impliqué dans l'adaptation à notre environnement, régule la plupart de nos organes internes, ainsi que l'état inflammatoire de notre organisme. Il joue un grand rôle dans la régulation du stress et fait pour cela l'objet d'un intérêt croissant, au vu du nombre de burn-out et d'épuisements chroniques dans nos pays occidentaux.

Sans nous perdre dans un exposé trop compliqué, il est cependant nécessaire d'effectuer un petit détour pour expliquer les liens entre nos organes internes, le cerveau et la fatigue.

Une théorie systémique reliant le corps et l'esprit

Stephen Porges, professeur de psychiatrie aux États-Unis, est le père de la théorie polyvagale, qu'il a conçue en 2007. Celle-ci explore le rôle que joue le SNA dans la régulation des états affectifs et du comportement social.

Où que l'on soit, notre système nerveux capte un grand nombre d'informations et détermine si nous sommes en danger ou pas. La théorie polyvagale ou TPV définit trois réactions : en sécurité, en danger, en danger de mort. En fonction de ce que notre système capte, à l'intérieur de nous comme à l'extérieur, tout un réseau neuronal s'allume dans notre corps grâce à l'activation qu'effectue le nerf vague dans tel ou tel endroit.

Cette activation est adaptative, et nous aide à avoir les réactions justes par rapport à notre environnement[1]. Le problème est que, pour un grand nombre d'entre nous, elle dépend étroitement de notre histoire et de la façon dont nous avons traversé les épreuves de la vie, autrement dit de nos capacités de résilience. Des traumatismes d'enfance ou même récents vont parfois mobiliser telle ou telle « réaction » (de façon soudaine

1. Les Anglo-Saxons parlent de système « BME » : *body* (corps) ; *mind* (esprit) ; *environment*.

et automatique) alors que cela n'est pas utile, et nous faire dépenser beaucoup d'énergie, et cette déperdition va, petit à petit, nous épuiser.

Les trois réactions : sécurité, danger, danger de mort

Première réaction : SVV (système vagal ventral). Cette réaction favorise le lien social. Lorsque le nerf vague est lié aux muscles du visage qui signalent la bonne connexion émotionnelle : face à un sourire, des yeux plissés et une voix mélodieuse qui rappelle celle de la mère (ou figure d'attachement), on s'apaise car on est en lien avec un autre aimant et soutenant. Nous nous retrouvons, au niveau interne, en sécurité émotionnelle et physique. Nous sommes détendus. Là, nos systèmes SVV et SNS sont équilibrés. Lorsque nous sommes dans cet état, nos viscères se détendent ; nous pouvons alors digérer et respirer de façon profonde et calme, et notre visage l'exprime. Nous pouvons créer du lien amical, d'amour, nous connecter aux autres. Nous ressentons de la gratitude, de la compassion. Nos réponses sont flexibles et adaptatives, il y a une grande connectivité avec notre système BME. L'activité du nerf vague est alors à son maximum au niveau ventral. Lorsqu'une personne n'est pas en sécurité, on le remarque à des indices physiques (voix haut perchée, peau réactive, regard fuyant...). Pour activer cette réponse de la part du nerf vague, il est nécessaire d'expirer longuement.

Deuxième réaction : SNS (système nerveux sympathique). Cette réaction favorise la mobilisation et l'action. C'est le cas lorsque nous nous retrouvons en danger et que nous devons fuir ou attaquer. L'activité de notre nerf vague décroît alors fortement pour que notre corps puisse se mobiliser *via* le SNS et nous sécrétons alors les catécholamines[1] : digestion inhibée, augmentation de la fréquence cardiaque et respiratoire, du tonus musculaire… Les émotions ici sont plutôt la colère, la peur qui aident à s'orienter pour la protection ou la sécurité. Cette réponse de la part du nerf vague se manifeste à l'inspiration.

Troisième réaction : SVD (système vagal dorsal). Cette dernière réaction favorise l'immobilisation, le figement. Le gel des réponses peut être vécu au niveau interne comme un état dissociatif désincarné voire inclure la perte de conscience. Cette réponse est la plus primitive au stress, elle sert à répondre à un très grand danger pour la vie. Ici, tout s'arrête, la fonction intestinale est altérée (on « fait dans sa culotte »), le débit cardiaque diminue… pour économiser les ressources métaboliques.

La TPV parle aussi des « états mixtes » : les deux premiers peuvent se combiner pour permettre des activités telles que la danse, le jeu, l'écriture, la créativité, la pensée rapide, l'accélération du mouvement. Le SVV, lorsqu'il se combine au SVD, permet à l'inverse un état d'immobilisation sûre, utile par exemple pour les relations intimes, l'allaitement, l'accouchement.

1. Adrénaline, noradrénaline, dopamine.

Cette théorie est utile pour comprendre comment diminuer l'état inflammatoire du corps, qui fatigue et est délétère pour la santé et aussi pour savoir sur quels leviers agir lorsque nous avons du mal à nous détendre. En effet, dans la dépression ou une trop grande anxiété, on peut observer un effondrement de l'activité vagale, et la personne n'arrive plus à se relaxer. Sa fatigue est alors constante et s'accumule dangereusement. Son système s'emballe, et elle devient plus fragile. Ainsi, il existe des activités bien connues pour augmenter son tonus vagal : la cohérence cardiaque, mais aussi le yoga, la méditation de pleine conscience, la sophrologie, l'hypnose... liste non exhaustive ! La fréquentation de personnes équilibrées, heureuses et authentiques, peut également être d'une grande aide. Le secret est d'équilibrer les activités qui stimulent notre tonicité et celles qui nous calment.

Doucement, fermez les paupières, étirez-vous. Prenez le temps de bien vous asseoir, les pieds bien au sol. Ressentez simplement vos mouvements respiratoires, sans effort. À présent, vous allez compter jusqu'à 3 en inspirant, et 5 en expirant. À la fin de l'expiration, le ventre est bien vidé de son air. Recommencez, calmement et toujours au même rythme 5/3, pendant dix minutes[1].

Comment vous sentez-vous après cette pratique de stimulation de votre nerf vague ?

1. Exercice inspiré de ma formation à l'ENPY (École nationale des professeurs de yoga), à Bordeaux.

Nous sommes fatigués lorsque les déséquilibres sont trop importants, et que notre nerf vague n'arrive plus à s'activer suffisamment. Dans ce cas, nous n'arrivons plus à récupérer. Les personnes souffrant d'épuisement chronique, de burn-out, sont dans ce cas.

Certains d'entre nous ont vécu des traumatismes dans leur enfance et/ou leur adolescence. Le harcèlement moral, physique, sexuel, l'inceste bien sûr, et d'autres événements douloureux répétés ou prolongés comme les maltraitances intrafamiliales – sans compter les traumas évidents comme subir un attentat ou être témoin d'un meurtre.

Pour ces personnes, des réactions ont pu être engrammées[1] dans le corps, épuisant le nerf vague, favorisant ainsi une inflammation et, parfois, l'apparition d'une maladie chronique. À l'occasion d'une pandémie comme celle du Covid-19, ou à l'occasion d'une guerre, le système de tonicité vagale, déjà affaibli, ne peut plus se mobiliser suffisamment. Petit à petit, la personne s'enfonce dans le mutisme, la dépression, et peut déclencher une maladie chronique ou une crise liée à l'une d'elles si elle en est déjà atteinte. Pendant le premier confinement, les étudiants fragilisés, qui devaient rester toute la journée devant leur ordinateur, sans contact ou presque, dans des espaces exigus, sans espoir ni avenir, ont été précipités dans des états d'anxiété et de dépression bouleversants. Des symptômes similaires ont été observés chez

1. En neurophysiologie, l'engramme est la trace biologique de la mémoire dans le cerveau.

les personnes âgées coupées de leurs proches. Et dans les crèches, les enfants n'ont pu créer, surtout pour les plus jeunes, de connexions neuronales optimales à cause des masques portés par les puéricultrices, qui cachaient leurs expressions faciales. Il y a quelque chose d'anxiogène à voir une personne avec qui nous sommes censés interagir au quotidien porter un masque, car nous ne pouvons alors nous fonder sur la communication non verbale.

Dans ces exemples, on a rajouté du figement au figement : l'individu déjà rendu plus faible par une histoire de vie douloureuse sur laquelle il n'a jamais pu ou voulu travailler ne peut mobiliser toutes les ressources nécessaires pour faire face et s'effondre, alors qu'« il avait tout pour être heureux ».

> Remémorez-vous les cinq événements les plus intenses et marquants de votre vie, en bien ou en mal. Graduez-les de 0 à 10.
>
> En avez-vous déjà parlé à quelqu'un ? Sinon, pourquoi ? Remarquez-vous des points communs entre ces événements (intensité, forme, environnement, provenance...) ? Actuellement, comment sont vos sensations ? Attention : si vous n'en éprouvez aucune, cela peut vouloir dire que vous devez encore apprendre à y être attentif, ou encore qu'il y a une réaction de figement interne. Si c'est le cas, voyez à qui vous pourriez vous confier, professionnel ou ami.

L'épigénétique : nos croyances influencent nos gènes

Bruce Lipton est un biologiste américain de renommée mondiale, et il a contribué à une découverte essentielle : nos gènes et l'ADN ne contrôlent pas notre fonctionnement biologique. Plus encore : nos pensées sont plus fortes encore que notre génétique. C'est une découverte révolutionnaire, qui remet la conception darwinienne en question et implique notre responsabilité dans notre destinée, d'où qu'elle soit, d'où qu'elle parte[1]. « Les gènes ne sont donc pas synonymes de destin ! Les facteurs environnementaux, notamment l'alimentation, le stress et les émotions, peuvent modifier ces gènes, sans toutefois en changer la matrice de base. Et les épigénéticiens ont découvert que ces modifications pouvaient être transmises aux générations futures[2]. […] » C'est la membrane qui est le véritable noyau (« cerveau ») de la cellule (« céré-brane[3] ») et non le noyau. Cela change tout : jusqu'à présent, les scientifiques observaient le noyau et non la membrane de la cellule et, de fait, ne pouvaient pas voir que ce qui se passait dans l'environnement de la cellule avait un impact sur son ADN !

Ce scientifique explique également que les télomères, segments d'ADN permettant à celui-ci de se dupliquer lorsqu'une cellule doit être renouvelée, donnent

1. Bruce Lipton, *Biologie des croyances*, Ariane Publications, édition revue et augmentée, 2016.
2. *Ibid.*, p. 51.
3. *Ibid.*, p. 90.

constamment naissance à de nouvelles cellules. Chaque fois, ce phénomène fait perdre un petit morceau au télomère qui se duplique. Au bout d'un moment, à force de raccourcir, ils deviennent trop courts, et cela provoque des dysfonctionnements de la cellule, qui peut finir par mourir. La télomérase est une enzyme qui aide le télomère à augmenter sa longueur. Son activité renforce la santé et prolonge donc la vie.

Les recherches montrent que les expériences de vie peuvent amoindrir ou stimuler l'activité de la télomérase. Des mauvais traitements, verbaux ou physiques, reçus dans l'enfance, des troubles de stress post-traumatiques, des carences nutritionnelles, le manque d'amour ou des expériences répétées de rejet peuvent inhiber l'action de cette enzyme. La santé devient alors plus précaire et le vieillissement s'accélère, invitant la fatigue à s'installer.

« La pratique d'activités physiques, une bonne alimentation, une vision positive de la vie, vécue dans le bonheur et dans la gratitude, la méditation[1] et l'expérience de l'amour, tout particulièrement l'estime de soi, améliorent l'activité de la télomérase et contribuent à une vie longue et en bonne santé[2]. »

Pour ce chercheur, « la cause de 90 % des maladies cardio-vasculaires n'est pas attribuable à un dysfonctionnement organique des mécanismes de la cellule mais plutôt à une réaction comportementale induite par des signaux environnementaux diffusés dans le sang[3] ». Les

1. https://www.science-et-vie.com/corps-et-sante/meditation-quels-sont-ses-veritables-effets-56490

2. Bruce Lipton, *op. cit.*, p. 66.

3. *Ibid.*, p. 98.

maladies, et la fatigue qui les précède ou les accompagne, sont considérées, pour la plupart d'entre elles, comme étant le résultat d'un style de vie (stressant ou calme, etc.). Ainsi, ce qui contribue le plus à la santé et à la longévité serait, selon ce scientifique internationalement reconnu, la manière dont on voit la vie, nos perceptions et nos croyances. J'ajoute que la conscience de celles-ci, obtenue grâce à un travail sur soi pouvant être réalisé de multiples manières avec des personnes compétentes, rend davantage possible le changement et l'évolution. Nous pouvons le faire en provoquant de nouvelles expériences, en cultivant de la gratitude pour les êtres qui se sont présentés sur notre chemin, en ouvrant notre cœur à son formidable potentiel énergétique. Tout est message : apprenons à le reconnaître en interne comme en externe.

Observez votre chat. Dans une sorte d'orgasmique paresse, qui le rend si inspirant, il sait se détendre complètement. Pouvez-vous tenter de faire de même ? Soulevez doucement une de ses pattes : que constatez-vous ?

Se rendre disponible à l'énergie et changer ses croyances

L'univers est un tout indivisible et dynamique où l'énergie et la matière vont ensemble, si imbriquées qu'on ne peut les considérer comme deux entités indépendantes. Comme les principes féminin et masculin dans le tao : yin et yang sont associés, comme la lumière et l'obscurité, comme le défaut est l'autre versant de la qualité. Nous avons le choix de continuer de penser le monde selon un système binaire et tenter de l'expliquer selon cette logique, en nous moquant des personnes d'autres cultures et en considérant notre système de pensée comme supérieur. Trois mille ans de médecine chinoise, ce n'est pas rien. Et ancestral ne veut pas dire arriéré.

Une pensée n'est qu'une pensée. En ce sens, elle n'a pas d'autre réalité que d'être produite par une orientation des croyances, et de ce fait, n'est pas juste en elle-même : elle existe et c'est tout. C'est tout mais c'est déjà beaucoup : car elle a le pouvoir, en tant que signal électrique, productrice d'énergie, d'influencer notre système. Ainsi, comme nous l'avons évoqué dans la première partie de ce livre, tout peut être pensé comme un système : la schizophrénie par exemple, qui peut être considérée comme un dysfonctionnement ou comme une adaptation. Nous le savons : chaque chose peut être vue sous un angle différent, et tout le monde a raison. Un divorce, une séparation sont à la fois une douleur et une opportunité de grandir, et donc une formidable chance. Que choisissons-nous de regarder dans notre vie ? Et de quelle manière ?

Notre médecine allopathique, considérant le corps comme une somme d'entités séparées, notre esprit comme étant autre chose que le corps, niant l'existence de la conscience en tant qu'énergie, propose (et c'est aussi un bienfait, parfois !) des médicaments et observe des effets secondaires. L'existence même de ces effets montre bien qu'une modification sur un élément entraîne toute une chaîne de conséquences : il y a donc bien des interactions entre les organes, les organes et les émotions, les émotions et l'environnement, et tout cela va ensemble. Le nier consisterait à ne pas être correctement connecté à ce monde terrien.

Quand j'étais au lycée (j'ai passé un baccalauréat scientifique), j'ai été fascinée, alors qu'on m'avait enseigné la physique newtonienne, de découvrir lors d'un cours la physique quantique. Je n'ai pas tout compris au départ, excepté que c'était révolutionnaire. Qu'apportait de plus cette révolution ?

La réponse est magnifiquement exprimée dans le livre de Bruce Lipton[1] : « Les nouvelles lois de la physique quantique ne contredisent pas les résultats de la physique classique. Les planètes suivent toujours l'orbite prévue par les mathématiques newtoniennes. La différence entre les deux physiques est la suivante : la mécanique quantique s'applique spécifiquement aux domaines moléculaires et atomiques, alors que les lois newtoniennes s'appliquent aux organisations plus élaborées, tels les organes, les gens et les populations. La manifestation d'une maladie, comme le cancer, est visible au niveau macroscopique, quand on peut voir et sentir une tumeur. Cependant, les processus à l'origine du cancer commencent au niveau moléculaire, dans les cellules mères affectées [...]. C'est pourquoi une biologie qui combine les mécaniques quantique et newtonienne s'avère nécessaire. »

1. *Ibid.*

Écouter ce que dit la fatigue

Cela signifie que, bien avant que la fatigue s'invite, nous avons la responsabilité, envers nous-mêmes d'abord bien sûr, de prendre soin de nous. Nous devons l'apprendre. Si la fatigue est là, c'est qu'elle nous dit quelque chose. Prendre tout de suite un fortifiant, un médicament nous empêche de nous connecter à nous-mêmes et nous continuons à répéter les mêmes mécanismes, sans changer d'un pouce.

Cela n'est plus possible. Il nous faut réapprendre à penser – *panser* – notre santé, notre corps, notre esprit, nos émotions et considérer cet ensemble comme un tout. Puisqu'une recherche interdisciplinaire alliant physique quantique, biologie et chimie ne semble pas encore inventée ni même surtout subventionnée, nous devons faire une partie du travail nous-mêmes et nous intéresser aux mécanismes de la santé et progressivement, transformer notre quotidien. C'est ainsi que le monde change. Pour cela, il est nécessaire d'admettre que nous ignorons comment certaines choses se font. Et parfois d'accorder du crédit en ce que nous ne pouvons expliquer tout à fait. « En dépit des recherches innovantes dans le domaine de la physique quantique et en partie grâce aux immenses ressources de l'industrie pharmaceutique, une industrie qui a bâti son empire sur la vente de signaux chimiques et qui rejette les médecines énergétiques non médicamenteuses, le monde de la médecine traditionnelle ignore encore, pour l'essentiel, le rôle de l'énergie dans la formation de l'expression biologique. [...] Le physicien Brian Josephson a déclaré, lors de la remise de son prix Nobel, que les membres de l'establishment scientifique souffraient d'une sorte d'"incrédulité pathologique" [...] : "Ils refuseraient d'y croire même si c'était vrai[1]." »

Pourquoi gardons-nous toujours cette même direction de l'esprit ? Pourquoi croyons-nous si fortement que les médicaments sont plus valables qu'une promenade en forêt, qu'une soirée entourée d'amis où l'on peut se confier ? Ne sommes-nous jamais sortis galvanisés d'un moment intense, imprévu, où « quelque chose s'est passé entre nous » ? Pourquoi ne faisons-nous pas de lien avec ce type d'énergie et notre capacité à générer, reproduire cette énergie ? Nous continuons à être obsédés par la maladie et non, comme le disait Selye, « par le simple fait d'être malade ». Seule la bonne santé devrait nous obséder.

La fatigue Pygmalion

Notre tendance à vouloir que tout soit simple et facile est notre plus grand ennemi. Cela nous amène, comme le disait Paul Watzlawick[2], à de « terribles simplifications ». Il ne s'agit pas, alors que l'on est préoccupé par un problème financier par exemple, de se répéter en boucle : « Tout va bien, je suis riche, je suis dans l'abondance, je suis détendu. »

1. *Ibid.,* p. 136.

2. Paul Watzlawick (1921-2007), psychologue américain qui a collaboré à beaucoup de recherches sur la schizophrénie à Palo Alto, à l'origine d'un nouveau regard sur elle, et auteur de nombreux livres passionnants sur la communication.

C'est ce que beaucoup de personnes crédules ont tendance à penser puis, selon leur expérience, sont persuadées que « ça marche » ou « ça ne marche pas ». Elles ne font en réalité que se mentir à elles-mêmes, pensant que de simples phrases ânonnées toute la journée changeront leur destin. Elles font en réalité une confusion entre l'autopersuasion et la loi de l'attraction. Celle-ci date du XIXe siècle (mais son origine serait plus ancienne), se présente comme une loi universelle et s'inscrit dans le courant de ce qu'on nomme la « pensée positive ». Elle consiste à croire que nous pouvons attirer à nous tout ce que nous désirons, pourvu que nous soyons en cohérence entre ce que nous pensons, sentons et demandons. Elle a été popularisée par Rhonda Byrne dans son livre *Le Secret*.

On oublie souvent de dire que le corps doit être impliqué dans cette croyance. C'est ce qui se joue par exemple dans l'effet placebo : vous adhérez complètement à ce que l'on vous dit, et tout votre être s'en imprègne. C'est pourquoi le traitement fonctionne parfois sans contenir aucune substance active.

La pensée créatrice, celle de la vraie vie, existe, et elle nécessite des qualités qu'il faut entraîner. Si vous voulez dans votre vie réussir à traverser le pôle Nord à pied, vous devez croire en ce souhait longtemps, travailler dur dans le sens de votre objectif (vous entraîner physiquement, être crédible pour les sponsors, etc.), ne pas mollir dans votre détermination et vous laisser guider par les opportunités, etc. C'est en quelque sorte ce qu'on nomme la « force de l'intention », avec toute la mobilisation que nécessite un objectif ambitieux.

Autre exemple, si vous souhaitez réussir un concours, vous pouvez le préparer de toutes vos forces, y mettre une intention ciblée, et votre mobilisation sera telle que vous allez déjouer les pièges et être reçu. Mais si vous n'êtes pas reçu, cela ne veut pas dire que vous avez mal préparé. Peut-être que votre peur, inconsciemment, s'est sentie et a refroidi le jury. Peut-être aussi que les autres candidats étaient meilleurs que vous. Cela pourrait être une énergie en lien avec la chance. Finalement, cela pourrait être proche de ce que le psychologue Mihaly Csikszentmihalyi a nommé le *flow* : se fondre avec l'intention dans un état proche de la transe.

La loi de l'attraction est un peu dans cette lignée, à ceci près qu'elle ne vous demande pas de mettre en place quelque chose de spécial. Vous devez le répéter après vous en être imprégné, et c'est tout.

Elle serait proche de l'effet Pygmalion et de l'effet placebo, parce qu'elle nécessite une totale imprégnation par les croyances énoncées. Personnellement, je l'associe à la matrice évoquée dans le chapitre sur la psychologie énergétique : la loi de l'attraction serait une loi de l'énergie.

« Il vous reste trois mois à vivre » est une phrase qui peut être tout aussi puissante sur le mental[1]. Imaginez ce que cela peut produire sur vos forces, votre énergie, votre moral. Votre champ électromagnétique en est très certainement modifié, mais dans un sens inverse à celui

1. C'est bien pour ça que contrairement à un mythe répandu, les cancérologues ne le disent jamais à un malade. Ils misent tout sur les chances de guérison.

de la prédiction : « Vous êtes définitivement guéri, c'est un miracle. »

Il est certain que de telles assertions ont un impact sur notre vie. Le cerveau ne fait, en effet, pas la différence entre une image fabriquée dans l'esprit et le réel. On le voit bien dans certains réveils nocturnes brutaux où nous imaginions que nous tombions de vélo : les impressions perdurent dans le corps, car nous étions dedans. Et si elles remontent à la petite enfance, il est néanmoins toujours possible de les changer. Des thérapies comme Matrix[1] viennent « reconfigurer le disque dur », en agissant directement sur les circuits *ad hoc*.

En 1968, deux psychosociologues américains, Rosenthal et Jacobson, ont étudié l'impact des croyances de l'entourage sur les performances. Les résultats sont stupéfiants. Dans leur livre *Pygmalion à l'école*, ils montrent l'impact du regard de l'enseignant sur les performances de l'élève. Cet effet est appelé « effet Pygmalion ». Cela pose clairement non seulement la question de l'influence sociale (êtes-vous ou pas encouragé ? Votre entourage croit-il en vous ?) mais aussi celle de nos croyances sur notre destinée. Si votre patron vous répète que vous êtes incompétent, si votre conjoint vous critique sans cesse, vous passerez plus de temps à lutter contre ces injonctions afin de vous maintenir en santé mentale, et cela vous prendra beaucoup d'énergie, créant ce que j'appelle une « fatigue Pygmalion ». Cette dépense énergétique, au bout d'un moment, aura forcément des répercussions

1. Et notons aussi la thérapie des schémas.

sur votre corps. À l'inverse, être souvent félicité par son patron, couvert d'amour inconditionnel par son conjoint est très redynamisant.

L'épigénétique nous aide à comprendre comment nous pouvons façonner notre destin en prenant soin de nous, en développant l'altruisme, la compassion envers soi et les autres. La composition chimique d'une larme de tristesse est différente de celle d'une larme de joie. Cette simple constatation nous aide à comprendre combien notre mental peut influencer notre chimie. Comme le révèle Bruce Lipton, le sang, le milieu de culture du corps, ne nourrit pas seulement les cellules ; ses composants neurochimiques régulent aussi l'activité génétique. Les pensées positives sont un préalable biologique à une existence heureuse et en santé, d'où que nous partions : se donner les conditions pour changer ses pensées noires en pensées roses, blanches ou vertes est la direction que nous offre l'épigénétique. Nous pouvons évoluer dans un autre sens que celui qui était prévu pour nous.

Lorsque nous nous donnons la possibilité de changer nos croyances, nous ouvrons le champ des possibles. J'ai pratiqué pendant plus de trente ans des accompagnements professionnels, et j'ai bien vu comment certaines personnes s'autorisent pleinement à transformer leur vie du tout au tout, et comment d'autres ne s'autorisent même pas à l'imaginer. Cette dernière attitude est bien celle d'un choix, et peut être revue et réévaluée à sa source : les traumatismes, l'influence des générations précédentes… Mais si on ne décide pas de s'y pencher, alors notre destin, qui pourtant nous fait souffrir ou nous épuise, suivra son cours tel qu'il a commencé. Éric Berne, ce psychiatre américain évoqué précédemment et père de l'analyse transactionnelle, appelle cela « scénario de vie ». Des auteurs connus, comme la psychologue américaine Fanita English, ont approfondi et revu ce concept pour montrer le caractère évolutif de ce scénario, en accord avec ce que décrit Bruce Lipton : la fonction de l'esprit est de créer une cohérence entre nos croyances et la réalité que nous expérimentons. Les perceptions positives de l'esprit favorisent l'adaptation, la souplesse et la santé en stimulant les fonctions immunitaires.

Mais pour cela, nous devons développer des qualités d'observation, de patience, persévérance, foi (mot plus fort que confiance) et engagement. Comment cultiver ces qualités ? Notre société de l'immédiateté nous conduit à l'opposé. Il faut réinventer notre quotidien, et y croire. Commencer à adopter de nouvelles habitudes chaque jour. Les pratiques décrites dans ce livre peuvent vous y aider. Et il n'y a que vous qui puissiez le créer, personne d'autre, aussi compétent soit-il. Cela remet de la responsabilité dans nos fatigues, dans notre santé, physique et mentale.

Vos croyances engendrent vos pensées
Vos pensées engendrent vos paroles
Vos paroles engendrent vos gestes
Vos gestes engendrent vos habitudes
Vos habitudes engendrent vos valeurs
Vos valeurs engendrent votre destin.

Gandhi[1]

1. Cité dans Bruce Lipton, *op. cit.*, p. 165.

Vous avez peur, par exemple, d'apprendre le chinois. Vous avez tout un tas de croyances à ce sujet : que vous êtes trop bête, c'est une langue trop compliquée, vous n'irez jamais en Chine et donc c'est inutile, vous n'avez pas d'argent pour apprendre (la liste d'excuses est infinie lorsqu'on ne veut pas faire les choses).

Quel est le plus petit pas que vous vous autoriseriez à faire ? Ce peut être : chercher sur Internet trois sites en ligne où on peut apprendre le mandarin. Ce peut être aussi : repérer un mot que l'on aime bien écrit en chinois et le reproduire. Ce peut être demander à une personne d'origine chinoise que l'on connaît même à peine, son avis sur l'apprentissage de la langue. Ou lui demander qu'elle vous prononce un mot, que vous l'enregistriez. Ce peut être aller regarder les programmes à l'université la plus proche de chez vous. Bref : faites le plus petit pas possible pour vous. Sans vous juger (« Oh mais je vais avoir l'air ridicule... »), ni vous mettre des freins avant même d'avoir commencé (« Oh, mais est-ce vraiment ça que je veux finalement ? »).

Donnez-vous cette liberté d'être, d'oser ce plaisir-là ! En adoptant cette philosophie, vous allez planter peu à peu des petites graines de bonheur dans votre vie, et faire fructifier votre énergie !

La psychologie énergétique : nouvelle branche psychocorporelle de la psychologie

La psychologie énergétique regroupe un ensemble de pratiques qui cherche à rétablir un équilibre entre le corps et l'esprit, en utilisant soit les méridiens de la médecine traditionnelle chinoise, soit les chakras, soit le champ énergétique qui entoure notre corps. Plusieurs outils sont issus de ce courant, dont l'EFT (Emotional Freedom Technique), que je connais et pratique, fondé par Gary Craig. L'association ACEP (Association for Comprehensive Energy Psychology), dont la psychologue Marion Blique[1] est la représentante française, regroupe toutes les formes de pratiques de ce type et s'est associée aux recherches scientifiques en cours destinées à prouver leur validité[2]. Ce courant n'est pas encore très connu en France, pays qui reste très psychanalyse.

1. Psychologue française vivant aux États-Unis et auteure de *J'arrête les relations toxiques* et *J'arrête les croyances limitantes*, Eyrolles, 2020. Site : www.eftpresence.com

2. « Lorsqu'une personne pense à un problème émotionnel, les signaux d'activation peuvent être enregistrés par diverses techniques d'imagerie cérébrale au niveau de l'amygdale, de l'hippocampe, du cortex frontal orbitaire et de plusieurs autres structures du système nerveux central. Lorsque le tapotement est simultanément introduit, les récepteurs sensibles à la pression sur la peau envoient un signal afférent, régulé par l'ion calcium, à travers le lemnisque médial, qui atteint le cortex pariétal et de là est dirigé vers d'autres régions corticales et limbiques. L'interaction de ces signaux semble provoquer un changement dans les fondements biochimiques du problème. Une hypothèse est que le signal envoyé en tapotant "entre en

L'EFT (Emotional Freedom Technique)

Cette technique invite à combiner et développer des compétences d'écoute mais aussi de présence et d'implication de la part du ou de la thérapeute, qui effectue du « tapping », légers tapotements réalisés avec le bout des doigts sur des points précis du corps de la personne accompagnée.

Ce contact physique – toujours préalablement consenti, sinon la personne peut réaliser en miroir ce que propose le praticien – est inhabituel en France, où pourtant, nous aimons le contact ! Mais dans le même temps, notre tendance à intellectualiser est un obstacle dans la bonne gestion des difficultés émotionnelles.

Dans une séance d'EFT, on commence par se focaliser sur une scène douloureuse qui active des émotions pénibles. Le tapping pratiqué simultanément sur les points d'acupuncture permet l'apaisement, en produisant des changements électrochimiques au niveau du cerveau. Dans ma pratique, je suis souvent stupéfaite par la rapidité des changements observés.

---

collision" avec le signal produit en pensant au problème, en introduisant un "bruit" dans le processus émotionnel, qui modifie sa nature et sa capacité à produire des symptômes. Une sécrétion accrue de sérotonine est également en corrélation avec le tapotement de points spécifiques. » https://www.energypsych.org/page/23

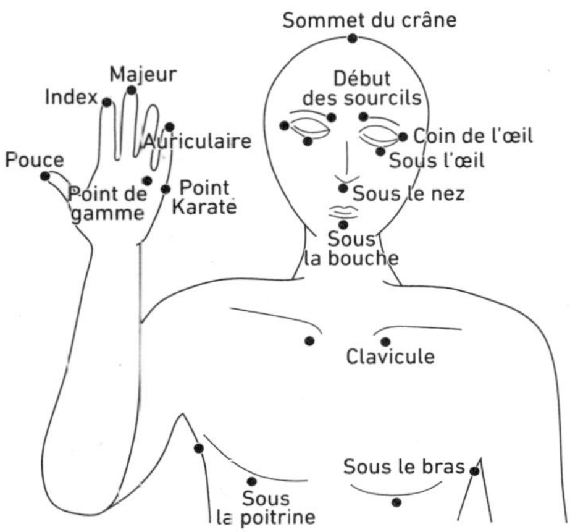

La séquence de tapotements pour un apaisement ponctuel

Commencez dans tous les cas par tapoter trois fois sur le point karaté en répétant « Même si [*dire le problème, par exemple : "Je me sens ridicule"*], je m'aime et je m'accepte profondément et totalement. » Puis tapotez de 5 à 7 fois chaque point, en restant concentré sur votre problème. Pour une séquence courte, vous ferez juste le tapping sur les points crâne-visage et torse.

Chacun de nous peut apprendre à pratiquer l'EFT pour s'apaiser, se parler et cela fonctionne aussi avec les enfants.

L'EFT et le MatrixReimprinting® permettent de traiter les traumas et sont des outils très puissants pour accompagner et apaiser.

C'est par l'EFT que j'ai jugulé la crise d'une personne qui, au moment de rentrer dans un avion, ne pouvait plus respirer, tant elle était paniquée. Je lui ai fait du tapping à un endroit précis au niveau du genou, prononcé des paroles apaisantes, l'ai invitée à pratiquer elle-même au niveau du « point karaté » et lui ai fait respirer quelques minutes des huiles essentielles. Dix minutes après, elle était presque souriante, et a accepté de bonne grâce de s'installer à la place qui lui avait été attribuée. L'hôtesse en était stupéfaite et soulagée.

L'EMDR (Eye Movement Desensitization and Reprocessing)

Cette méthode qui signifie « désensibilisation et retraitement par les mouvements oculaires » est également utilisée dans les troubles émotionnels, généralement liés à des traumatismes[1]. Elle est découverte par hasard par une psychologue américaine, Francine Shapiro, en 1979, et les premières publications à son sujet apparaissent dix ans plus tard. L'EMDR se pratique en face à face avec le praticien, qui opère des stimulations bilatérales rapides (en tapotant sur les genoux, en faisant tenir un stimulateur dans chaque main, ou en suivant visuellement à la personne des mouvements de l'index à droite et à gauche...). Tout cela permet de stimuler un mécanisme neuropsychologique complexe présent en chacun de nous, qui permet de retraiter des vécus traumatiques non digérés et parfois très invalidants. Une fatigue est généralement ressentie après une séance d'EMDR, pendant quelques jours, qui s'accompagne cependant souvent d'une amélioration immédiate.

L'EMDR est très utilisé en France et reconnu par la Haute Autorité de santé, et pas l'EFT. Pourtant, cette dernière, associée à la technique de réencodage de la matrice, est très efficace et largement utilisée aux États-Unis.

1. Voir le site emdr-france.org

MatrixReimprinting® : technique de réencodage de la matrice

Créée il y a une dizaine d'années par Karl Dawson, un grand praticien de l'EFT, la MatrixReimprinting® est très intéressante à pratiquer en complément. Cette technique allie la nature psychoénergétique de notre réalité à la théorie du trauma et celle de la visualisation créatrice. Ce que l'on nomme « matrice » est un champ d'énergie. Selon Dawson, mais aussi selon de nombreux scientifiques[1], c'est même LE champ d'énergie universel, celui qui nous relie les uns aux autres. Nos cellules émettent des vibrations, qui se propagent et, de fil en aiguille, cela forme un champ énergétique dit « universel ».

Matrix[2] se fonde sur quatre grands principes de base :

- les hologrammes énergétiques, c'est-à-dire la façon dont nous emmagasinons les traumatismes dans notre inconscient (une part de nous en souffrance, vivant le traumatisme ou la douleur) ;
- le tapping, pour dissiper la charge émotionnelle liée au traumatisme ;
- la compétence du praticien dans sa capacité d'écoute et sa façon d'offrir la possibilité de changer la scène originale traumatique telle que la personne accompagnée aurait voulu qu'elle soit ;

1. Gregg Braden et Joe Dispenza, par exemple, auteurs de référence du site Quantum-way, regroupant des thérapeutes de cette mouvance. https://quantum-way.com/
2. Diminution de « MatrixReimprinting® ».

– le rôle du cœur pour envoyer l'information dans le champ ou « matrice universelle ».

Le rôle essentiel de cette technique est, outre de faire l'expérience d'un lien fiable et bienveillant avec le thérapeute, de changer ses croyances et représentations liées à des événements traumatiques, grâce à l'alliance de ces principes. Des phobies, paniques, parviennent à s'apaiser et trouver une issue grâce à cette séquence transformatrice.

La partie finale d'un travail avec Matrix, conjuguant cœur, respiration consciente et visualisation, est très puissante. Le tapping effectué est plus lent, et associé à des images apaisantes que la personne crée elle-même à la suite de la séquence d'EFT de réduction émotionnelle. Elle laisse toujours un souvenir, souvent qualifié d'« extraordinaire », par ceux qui l'ont expérimentée. Elle amène à un calme profond, durable, grâce à une redistribution de l'énergie qui émerge lors de la clôture de la scène traumatique, qui, avec le travail de Matrix, s'est transformée en une scène calme et sécure. La personne imprime ces nouvelles impressions en elle, dans tout son être.

Cela est d'autant plus passionnant que, on le sait aujourd'hui, le cœur est le plus puissant organe énergétique du corps.

Le cœur : un cerveau énergétique

Le cœur contient un système nerveux indépendant, relié au SNA (système nerveux autonome), le rendant capable de prendre des décisions de manière autonome et d'inciter à l'action. Il possède une mémoire propre et même une capacité à percevoir bien à lui. Il serait même le premier à traiter l'information, avant que celle-ci passe par le cerveau. Les ondes cérébrales sont synchronisées avec ces variations du rythme cardiaque, c'est-à-dire que le cœur entraîne la tête[1].

> Je me souviens que, lorsque j'avais une trentaine d'années, je faisais des courses avec ma mère dans la ville de la région parisienne où j'avais grandi. Soudain, nous croisons la pédiatre qui m'avait suivie jusqu'à l'âge de quatre ou cinq ans. Je l'ai à peine reconnue, mais, lorsque j'ai entendu sa voix, j'ai éprouvé une sensation bizarre, comme si mon cœur la reconnaissait. C'était incroyable de ressentir cette connexion et en même temps cette difficulté à reconnaître cette personne physiquement. C'était une femme douce et patiente, et aller la voir, je m'en souviens, signifiait pour moi qu'elle allait prendre soin de moi, « pour aller bien ». Bien des heures après cette rencontre, je sentais encore mon cœur comme « ouvert » empli de ces souvenirs et de ces vibrations. J'étais pleine de gratitude, avec presque les larmes aux yeux une bonne partie de la journée.

Aujourd'hui, je suis attentive aux vibrations que mon cœur émet en moi, j'ai appris à les ressentir, et surtout, à écouter ce qu'il cherche à me dire. Les méditations axées sur la gratitude, la compassion font appel à l'ouverture du cœur. On dit d'une personne qu'elle « ouvre le cœur ». Celui-ci est bien plus qu'une simple pompe à sang. Grâce à la magie des neurosciences, nous nous approchons de

1. https://www.alternativesante.fr/coeur/le-coeur-commande-au-cerveau-mais-personne-ne-vous-le-dira

plus en plus d'une réalité beaucoup plus vibratoire que nous ne pouvions l'imaginer. Cela pourrait expliquer le succès non seulement des techniques énergétiques, des médecines traditionnelles d'autres continents mais aussi pourquoi pas donner du sens à certains phénomènes inexpliqués reconnus par le Vatican ou la médecine ? Restons ouverts et suivons le rythme des recherches.

Le cœur, donc, envoie des informations au cerveau d'origine nerveuse, biophysique, biochimique. Il est capable d'inhiber la production de l'hormone du stress, et de produire et de libérer l'ocytocine, nommée aussi hormone « de l'amour » ou du « bonheur ». Les informations sont également d'ordre énergétique : lorsque nous avons peur, ses battements deviennent désordonnés.

Premier organe à se former dans le fœtus, premier signe de vie que l'on détecte sur l'écran du sonogramme (représentation graphique des composants acoustiques), le cœur est une sorte de cordon ombilical énergétique et vital. En d'autres termes, tous ceux qui nous entourent reçoivent l'information énergétique contenue dans notre cœur. Ainsi, l'amour n'est pas une émotion mais un état de conscience intelligente. Les enfants sont par exemple complètement connectés à cette intelligence. Cela va par ailleurs dans le sens de la médecine chinoise, affirmant que le cœur est le centre du Shen[1].

1. Le Shen est la conscience de notre moi. Associé au Qi et au Jing, ils sont les trois trésors de la vie qui assurent, en médecine chinoise, la santé, la sagesse et l'harmonie. L'harmonie de ces trois esprits amène le cœur, où réside l'Esprit, à rayonner.

Méditation de l'ouverture du cœur

Prévoyez un moment tranquille où vous pourrez vous asseoir en silence pour une méditation d'environ vingt minutes. Asseyez-vous confortablement sur une chaise ou un coussin de méditation (*zafu*).

Commencez votre méditation par quelques respirations profondes, avec l'expiration plus longue que l'inspiration (deux fois plus si vous pouvez).

Prenez le temps de vous poser dans votre espace de méditation. Du mieux que vous pouvez, soyez juste dans ce calme et cette détente qui favorisent une attitude souriante. Et juste là maintenant, essayez d'accueillir la journée qui s'éveille, et surtout de vous accueillir vous-même. Et puis installez-vous bien dans votre posture : conscience du contact des pieds sur le sol, conscience de l'installation dans votre bassin avec l'assise sur vos ischions (os des fessiers). Pour cela, faites des petites rotations, juste pour sentir que vous êtes au bon endroit de votre assise. Puis sentez votre colonne, son étirement, son élévation, alignez l'arrière du crâne avec la nuque. Relâchez les mâchoires, les épaules, le ventre. Installez vos mains sur vos genoux. Sentez la stabilité de votre posture, sentez-en la verticalité, et la dignité.

Puis ouvrez votre cœur dans votre respiration, et laissez s'installer cette attitude souriante d'accueil et de bienvenue à vous-même. Et je vous invite à développer, du mieux que vous pouvez, la sensation de respiration à partir de votre cœur, avec votre cœur. Observez votre respiration. Je vous invite à observer votre respiration au niveau de votre poitrine. Instant après instant, observez-la se soulever, puis reprendre sa place. Maintenez la détente de vos épaules, continuez à sentir votre respiration à partir de votre cœur. Je vous invite maintenant à poser votre attention sur vos pieds, à avoir une pensée de bienvenue et de tendresse pour eux qui sont tant sollicités pendant la journée. Puis vos jambes, puis visualisez votre bassin. Puisque nous respirons et sourions à partir de notre cœur, je vous propose d'aller à l'intérieur de vous, et d'aller saluer vos organes, avec déférence et gratitude. Continuez à ouvrir votre cœur et si des pensées surviennent et que votre attention se trouve happée par mille choses, revenez simplement à votre posture, votre respiration. Lorsque le calme est revenu, reprenez votre pratique méditative. Puis vous pouvez continuer en tapotant quelques points EFT (point karaté – tranchant de la main –, sommet du crâne, base des sourcils, coins des yeux, sous les yeux sur l'os, sous le nez, creux du menton, en barrette sous les clavicules, sous la poitrine, sur les flancs) et simplement répéter : « Quoi qu'il se passe et quoi qu'il advienne aujourd'hui, je m'aime et je m'accepte entièrement et totalement. » Vous pouvez ajouter des mots qui vous conviennent, bien sûr, accompagnez-vous. Tapotez ainsi plusieurs fois, puis arrêtez. Observez ce qu'il se passe à présent dans votre corps.

Quoi qu'il se passe dans notre vie, il est important que nous restions toujours en lien avec nous-mêmes, que nous soyions notre premier allié, que nous nous soutenions et nous encouragions nous-mêmes, parce que, quoi qu'il se passe, nous faisons du mieux que nous pouvons. Je vous invite à respirer large à présent, toujours à partir du cœur, et sentez que tout votre corps respire avec lui.

Toutes ces recherches mettent en évidence les formidables potentialités de notre corps, allié de notre esprit. En guérissant nos traumas, en changeant nos croyances, nos comportements (notamment avec nous-mêmes), nous pouvons optimiser notre énergie et réorganiser notre vie. Une nouvelle vitalité, créée par une nouvelle façon de voir la vie et ce qui s'y passe, peut prendre place en nous. La fatigue devient alors un souvenir d'une réalité qui n'est plus la nôtre.

La nouvelle psychologie positive

Puisque les neuroscientifiques ont mis en évidence le lien étroit existant entre la cognition (en gros, notre cerveau qui pense) et nos émotions (notre cerveau qui ressent), autant connaître l'heureux côté de notre « boîte noire » (on pourrait parler de notre « boîte fleurie » ?). Nous pourrions apprendre à penser différemment, à orienter autrement notre regard sur les événements afin de générer de nouveaux circuits neuronaux et d'éprouver, de comprendre le monde de façon plus ouverte. Nos processus mentaux s'en trouveraient changés dans un sens vertueux : meilleure prise de décision bien sûr, justesse des choix et surtout, une libération de notre créativité, de notre capacité à agir sur notre vie plus qu'avant.

Jusqu'aux années 2000, la psychologie était plutôt destinée à l'étude et à l'évaluation de la maladie mentale. Après la guerre de 1939-1945 et ses traumatismes collectifs, il était nécessaire de se pencher sur le traitement de ces pathologies. La contrepartie a été d'occulter les autres orientations qui étaient en cours avant 1939, à savoir la détection des talents et la réalisation d'une vie plus épanouissante.

Martin Seligman, professeur de psychologie à l'université de Pennsylvanie et pionnier de la psychologie positive, raconte lors d'un congrès, en 1998, comment l'idée d'une psychologie positive lui est venue. Alors qu'il arrachait des mauvaises herbes avec sa petite fille de cinq ans, il la voit jeter les herbes en l'air, danser, et non être concentrée sur sa tâche. Cet enseignant d'université est un homme sérieux : il la gronde, elle part en pleurant. Puis, revenant quelques minutes plus tard, elle s'adresse à lui : « Tu te souviens comment je pleurnichais quand j'avais quatre ans ? Eh bien, aujourd'hui, j'ai décidé d'arrêter. J'ai réussi. C'est une des choses les plus difficiles que j'ai faites. Si j'ai pu arrêter de pleurnicher parce que tu m'as grondée, tu peux sûrement arrêter de râler tout le temps. »

À cet instant précis, Martin Seligman a compris que l'on pouvait passer à côté de la vie si l'on n'entraînait pas son esprit à percevoir ce qu'il y a de gratifiant et de joyeux plutôt que se concentrer seulement sur les difficultés. Et que le rôle central de la psychologie scientifique devrait être d'aider chacun à trouver cet équilibre vers le positif, comme la petite Nikki l'avait fait d'elle-même[1].

Mihaly Csikszentmihalyi, professeur de psychologie aux États-Unis, d'origine hongroise, publie de son côté

1. M.E.P. Seligman et M. Csikszentmihalyi, *Positive Psychology : An Introduction*, American Psychologist, 2000.

son livre *Vivre* dès 1990, où il tente d'expliquer les facteurs conduisant à une vie heureuse, parlant notamment de l'« expérience optimale », définissant les moments de pur bonheur. Avec Seligman, ils posèrent les premières pierres de la psychologie positive.

- 10----------------------------0----------------------------+ 10
Pathologie / mal-être Épanouissement / bien-être

Dans cette nouvelle perspective, l'accent est mis sur les forces plutôt que sur les faiblesses. Au lieu de considérer que « ne pas aller mal » est correct, il s'agit au contraire d'aider les gens à passer au-delà de zéro et de cultiver leurs forces afin de les aider à être plus heureux au quotidien, et à se relever plus vite des difficultés. Il est question également de les aider à développer davantage leurs forces pour affronter les problèmes de la vie et éviter de descendre au-dessous de zéro.

Cette orientation, fondamentalement révolutionnaire en ce qui concerne la vision que l'on peut avoir de l'existence, induit un profond changement dans la manière de vivre sa vie.

Les trois sortes de vie heureuse

Selon Seligman, il existe trois chemins pour mener une vie heureuse.

– Une vie plaisante

Ce premier type de vie vise à procurer le maximum de plaisir lié à des émotions agréables. Il s'agit ici du plaisir hédoniste, dont nous avons déjà parlé : la vie facile et l'expérience renouvelée du plaisir. Il se trouve dans une forme d'immédiateté. C'est ce type de bonheur que l'on recherche en mangeant quelque chose de bon, en s'offrant une voiture puissante, en regardant un film au cinéma, en partant faire du ski de randonnée dans une montagne sauvage ou en ayant une relation sexuelle plaisante. Puisque ces émotions nous font du bien, il est naturel de vouloir les renouveler.

Cela dit, une vie qui n'est remplie que de cela (télévision, plaisir à court terme, jeux vidéo, shopping, fête) a besoin de « toujours plus » pour donner au plaisir un degré de satisfaction suffisant, en raison de l'habituation hédonique : vous vous souvenez, c'est le fait de s'accoutumer aux choses plaisantes. Donc, le bonheur ici n'est jamais durable, toujours conditionné à « plus », car il n'a ni sens ni engagement.

– Une vie engagée, où on s'organise de manière à utiliser ses forces personnelles et faire ainsi l'expérience du *flow*.

Dans *Vivre*, Mihaly Csikszentmihalyi donne les caractéristiques de l'« expérience optimale » ou *flow*, où se mêlent, entre autres, le défi, la concentration, l'objectif clair, un engagement profond dans l'action. Selon lui, la « combinaison de ces éléments produit un sentiment d'enchantement profond qui est si intense que les gens sont prêts à investir beaucoup d'énergie afin de le ressentir à nouveau[1] ». C'est, par exemple, le chirurgien qui, après de longues études, réussit une opération difficile, un sportif qui réussit un exploit et se dépasse, mais aussi

1. Mihaly Csikszentmihalyi, *Vivre*, Pocket, 2006, p. 59.

la lecture d'un livre ou d'une partition lorsqu'on vient d'apprendre (ou pas) à lire une langue ou la musique. Le travail ciblé augmente le plaisir lié à la réalisation de la tâche. Ce qu'en dit cet auteur est tout simplement passionnant, et il nous parle des buts nécessitant l'engagement pour les atteindre, ce qui procure une satisfaction profonde et durable, qui à son tour donne envie de poursuivre l'activité. À noter que l'état de *flow* est obtenu lorsque la tâche est légèrement supérieure à ses compétences : le challenge et la concentration, ainsi que l'engagement sont alors maximaux.

– Une vie remplie de sens, toujours construite autour des forces mais cette fois pour les mettre au service d'un objectif plus grand que soi. En fonction de ces croyances, nous pouvons parler d'alignement entre les buts et les actions, d'alignement entre la mission de l'âme et les actions. L'objectif est en tout cas toujours en adéquation avec le sens que l'on veut donner à sa vie et la matérialisation de ce que l'on veut concrétiser au travers de ses réalisations.

Un pèlerin passant devant une carrière voit un homme rouge et en sueur casser des cailloux, soufflant à grand bruit. Il a l'air résigné. Il lui demande : « Que faites-vous comme travail ? » L'homme s'arrête un instant et répond : « Je ne sais pas. C'est le seul travail que j'ai trouvé. »

Le pèlerin continue sa route. Un peu plus tard, il rencontre un deuxième homme, semblable au premier, suant et soufflant, qui fait le même travail dans une carrière identique. Il n'est ni gai ni triste. À la même question, le deuxième tailleur de pierre répond : « Je casse des cailloux qui serviront à construire des murs, c'est pénible, mais je le fais pour nourrir ma famille. »

Le pèlerin poursuit sa route, et croise un troisième tailleur de pierre. Ce dernier exécute la même tâche. Contrairement aux hommes précédents, celui-ci a l'air heureux, semble travailler joyeusement. « Que faites-vous ? » demande à nouveau le pèlerin. Le tailleur répond : « Je construis une cathédrale ! »

Cette fable de Charles Péguy illustre combien le troisième type de vie, dont le point d'orgue est le sens, peut remplir une existence en apparence austère et pénible. Une vie remplie de sens dépend, comme nous pouvons le supposer, de la direction que nous voulons lui donner. Cela demande parfois du temps.

Ce sont les deux derniers types de vie qui mènent le plus vers le bonheur.

Si nous cherchons et que nous échouons, nous pouvons sombrer petit à petit dans la mélancolie, et vivre l'impossibilité d'être heureux. Le but que nous nous fixons doit être empreint de justesse, aligné, sinon le risque est de ne pas réussir à atteindre les objectifs que nous nous sommes fixés. Mais comment le savoir ? Nous devons développer des qualités de courage, de confiance, de persévérance… et de discernement.

C'est pour cela que, pour pouvoir avancer efficacement sur notre chemin de vie et servir nos buts, il est essentiel de développer nos forces et nos vertus.

Les vertus et les forces

Pour Martin Seligman, en cultivant nos forces, nous pouvons petit à petit nous transformer en agissant sur notre humeur et orienter notre vie de façon plus conforme à ce que nous voulons. Pour cet enseignant, il est tout aussi important en psychologie de développer les forces en tirant parti de nos talents et dons naturels que de réparer les dégâts[1]. C'est bien le fondement de la psychologie positive, qui ne consiste pas, je le rappelle, à « positiver » et ainsi à nier le réel.

Pour Christophe André, psychiatre français ayant introduit la méditation de pleine conscience à l'hôpital et auteur de nombreux ouvrages, positiver paraît être une « quête sans dignité ni réalisme[2] ». Bien cultiver nos qualités pour pouvoir s'appuyer desssus est l'essence de la psychologie positive, alors que corriger nos défauts mène à l'« impuissance apprise[3] », une porte d'entrée vers la dépression qu'il est facile de prendre notamment par le biais de la comparaison négative et des défis mal évalués, trop élevés pour soi.

Pour ce professeur, qui a mené des recherches sur le sujet pendant des années, il y a six vertus universelles

1. Voir à ce propos la conférence TED de Martin Seligman en 2016 : https://www.youtube.com/watch?v=H-8HwshSCUA&list=PLVY-C74rxi5TJV5TNmOkKNgYWkrlITOzf5&index=17&t=52s

2. Collectif, *Psychologie positive*, Jouvence, 2011, p. 37.

3. Théorie de l'impuissance apprise ou de la résignation devant les échecs. Voici l'expérience réalisée en direct avec une classe : www.youtube.com/watch?v=j9I95BJsINc&list=PLVYC74rxi5TJV5TNmOk-KNgYWkrlITOzf5&index=16&t=3s

dans lesquelles s'inscrivent vingt-quatre forces. L'Éducation nationale française, mais aussi, d'une manière générale, toutes les institutions gagneraient à connaître et à pratiquer la psychologie positive afin d'insuffler plus de dynamisme et de bienveillance aux enfants et adolescents qu'ils reçoivent. On sait depuis des décennies (bien avant l'avènement de la psychologie positive, d'ailleurs) que la bienveillance renforce les liens positifs, l'envie d'apprendre, les performances, l'envie de se dépasser (dans le style *flow* et non pour écraser les autres). Les enfants, les jeunes seraient moins fatigués, plus motivés pour aller en cours, sans aucun doute.

Les vertus sont ce dont parlent les philosophes, les penseurs et les courants spirituels. La sagesse et la connaissance, le courage, l'humanité, la justice, la tempérance, la transcendance sont des vertus présentes dans toutes les cultures, à tous les âges de l'Histoire. Les forces sont notre manière personnelle et appropriée de réaliser les choses qui nous aident à incarner les vertus et à aller dans la direction que nous avons choisie.

Dans cette optique, il apparaît logique, évident même, que connaître et travailler nos forces est une base essentielle pour apprendre à nous vitaliser, revitaliser et à retrouver de la joie de vivre par le sens, l'engagement et le plaisir dans la vie. La fatigue de vivre est intrinsèquement liée à une vie dénuée de sens, comme en témoignent les personnes victimes d'un burn-out, qu'il soit professionnel, parental ou écologique.

11

Reconsidérer la valeur du temps et ralentir

Ralentir lorsque cela est nécessaire est, sans aucun doute, une vraie force. Si travailler est bon pour la santé, qu'en est-il de l'inverse ? Car les scientifiques en parlent : ne rien faire est aussi bénéfique. Notre équilibre dépend de notre capacité à combiner et alterner travail et repos de l'esprit.

Le cerveau par défaut : le nécessaire silence

En 2001, des chercheurs ont identifié un réseau dans le cerveau qu'ils ont appelé « réseau par défaut ». Celui-ci est actif lorsque cet organe est au repos, et devient inactif quand on se consacre à une tâche. Apparemment ce réseau permettrait au cerveau de se ressourcer, d'évacuer des déchets, comme le fait notre système lymphatique. C'est d'ailleurs pour cela que ce système dans notre cerveau est appelé « système glymphatique », contraction de « cellules gliales » (du cerveau) et « lymphatiques » (de la lymphe). La lymphe est, rappelons-le, chargée d'éliminer les déchets de notre corps. *Idem* pour notre cerveau. Or, quand on s'active sur de multiples tâches, cette élimination devient difficile. Ainsi, dès que l'on fait le vide, ce réseau par défaut se met en marche et génère ces pensées entremêlées que l'on peut voir en arrière-plan pendant que l'on médite par exemple[1]. Au repos, notre cerveau consomme 80 % de l'énergie dont il se sert lorsqu'il est en activité. En laissant aller le libre cours de ses pensées, on active ce mode par défaut. Certaines régions cérébrales s'activent alors, jouant un rôle essentiel dans le bon fonctionnement de la mémoire, des émotions et de l'introspection[2].

Cela est très bien expliqué dans un livre du chercheur en neurosciences Michel Le Van Quyen[3]. Un matin, il se réveille avec une curieuse sensation, qui lui fait penser à un début d'AVC : « Je touche mes joues : elles sont figées. C'est simple, à partir du cou jusqu'au sommet du crâne, mon corps ne répond presque plus : mon œil droit reste désespérément ouvert et les commissures de mes lèvres sont comme pétrifiées [...]. Un accident vasculaire cérébral. [...] À y repenser, c'est vrai que je vis à deux cents à l'heure depuis quelque temps. Je cours sans arrêt à droite et à gauche, je mène de front un nombre incalculable de projets et je dois faire face à une montagne de soucis professionnels. Je suis visiblement à bout de forces. [...] Les autorités médicales viennent de me condamner à plusieurs semaines de prison mentale. Moi qui suis d'un tempérament actif, cette seule perspec-

1. C'est pour cela que l'on ne devrait jamais ne pas être content lorsqu'on se voit emporté par nos pensées, car c'est un phénomène normal !

2. https://insb.cnrs.fr/fr/cnrsinfo/un-nouveau-modele-du-reseau-cerebral-du-mode-par-defaut

3. *Op. cit.*

tive m'effraie. Je vais devoir rester chez moi, emmuré dans mon silence. » Ce scientifique évoque l'« énergie sombre du cerveau » ; non sans humour, il parle de notre « besoin criant de silence ».

La mésaventure dont a fait l'objet cet homme, qui est appelée « paralysie de Bell », l'a amené à constater que le silence était nécessaire à la santé, et qu'il manquait cruellement aux vies actuelles modernes, en particulier à la sienne. Il a redécouvert le « son silencieux de son corps » (gargouillements, palpitations...), que l'on apprend à écouter en méditation. Passer du mode « Faire » au mode « Être » est l'un des apprentissages de la méditation de pleine conscience. Le silence attentionnel a de nombreux avantages pour notre santé physique et mentale, et les rêveries permettraient à notre imaginaire de se frayer une place dans notre vie. Je traduis souvent la phrase : « Je n'ai aucune imagination » par « Je ne lâche jamais prise. » Car nous avons tous ces facultés de création et d'innovation. Tous, sans exception.

Ne rien faire n'a pas bonne presse. Pourtant, nous oublions qu'entre sept et onze ans, un enfant est en état de latence psychique et qu'il développe de façon extraordinaire son raisonnement et sa capacité à comprendre des problèmes complexes et abstraits. Que, dans le processus de deuil, existe une période où il ne se passe rien, ni émotion spectaculaire ni pensée obsédante de la situation perdue ou de la personne absente. Sans cette période vide, nommée aussi « période de latence », pas de deuil possible. Pourquoi notre cerveau n'aurait-il pas la nécessité, lui aussi, de ne rien faire pour qu'il puisse élaborer, en sourdine, des qualités nouvelles ?

Rappelons-nous un grand principe : la lumière implique l'ombre. La faim et la satiété sont les deux faces d'une même médaille. Comme le yin et le yang forment le féminin et le masculin ensemble, l'activité et le repos vont de pair.

> Voici un excellent exercice pour apprendre à répondre et non à réagir.
>
> Décidez à l'avance (tout du moins au début) qu'à un certain moment (de la réunion, du repas, etc.), vous allez vous taire et observer ce qui se passe. Peut-être les gens se disputent-ils devant vous, peut-être font-ils autre chose. Pouvez-vous simplement prendre deux ou trois minutes pour les observer, tout en mettant (ou pas) une main sur votre ventre et sentir votre propre respiration ? Du mieux que vous pouvez, tentez d'identifier les émotions qui sont en train de vous traverser. Respirez avec elles, avec bienveillance, sans jugement.

Nous occuper de nous requiert des compétences qu'il nous faut développer : s'observer, observer nos rythmes, nous donner du temps pour sentir ou comprendre sont une autre facette de l'action organisée et ciblée. Nous avons un système parasympathique (ou vagal) qui appelle à être mobilisé, aussi sûrement que nous en avons un autre, le sympathique, qui se mobilise pour l'action.

Pour le cerveau, c'est un peu pareil : le repos est nécessaire si nous voulons maintenir notre performance dans l'action.

« La traction de la couronne »

Voici un exercice de médecine énergétique[1] que vous pouvez mettre en œuvre lorsque vous avez l'esprit trop encombré.

Il peut soulager les migraines, calmer le système nerveux et les douleurs stomacales dues au stress. Personnellement, j'aime bien l'utiliser comme prélude à la méditation.

1 – Exercez une pression sur le front et séparez lentement les doigts en étirant la peau. Respirez profondément en inspirant par le nez et en expirant par la bouche. Placez ensuite le bout des doigts sur le sommet du crâne et répétez l'étirement de la peau.

2 – Répétez le processus en commençant par le sommet de la tête, puis en allant au centre et à l'arrière. Continuez jusqu'à ce que vous atteigniez la base du cou.

Recommencez sans modération à chaque moment de la journée où vous en ressentirez le besoin.

Reconsidérer notre rapport au temps

Le Laos est un très beau pays d'Asie du Sud-Est traversé par le Mékong, appelé République démocratique populaire Lao, soit Lao PDR avec les initiales anglaises.

Dans les années 2000, je m'y suis rendue pour former de futurs enseignants à l'écoute active. Il s'agissait, dans

1. Donna Eden, *Petit Livre de la médecine énergétique*, Ariane, 2012, exercice pp. 24-25. Donna Eden est la pionnière américaine de la médecine énergétique.

ce programme, de sensibiliser ces professionnels à une pédagogie d'un genre nouveau : dans ce pays habitué à un enseignement « descendant », c'est-à-dire non interactif, initier cela était une petite révolution. J'avais déjà eu un aperçu lorsque j'étais partie au Vietnam quelques années plus tôt, où il m'avait fallu du temps pour comprendre cette vision du monde, jusqu'alors inconnue pour moi.

Comme toute Européenne habituée à la pédagogie active, j'avais travaillé sur un planning et des objectifs à la fois cohérents et adaptés – du moins me semblait-il. Jean-Michel, le fondateur et coordinateur du programme, avait cautionné tout ce travail préparatoire.

En réalité, une fois sur place, et ce, malgré la gentillesse de mes élèves (tous adultes), rien ne se passait comme je voulais : cela n'allait pas assez vite, je ne comprenais pas ce que mes étudiants ne comprenaient pas, j'avais beau m'adapter, simplifier, expliquer, mon impression était que rien ne rentrait. Je terminai mon séjour exténuée, en pression constante.

Ce jour-là – l'avant-dernier – était une journée consacrée à des exposés divers et destinée à habituer les étudiants à prendre la parole en public. « Je sais que c'est difficile et qu'il y a toujours beaucoup de stress lorsqu'on doit parler en public, annonçais je, aussi ai-je prévu quelques petits exercices introductifs pour vous aider. » Mon traducteur, Tim, me fit reformuler, puis finit par m'avouer qu'il ne connaissait pas le mot « stress ». « Qu'est-ce que cela signifie ? » me demanda-t-il. Je tentai une explication. Il partit alors d'un éclat de rire, se tourna vers la classe certainement pour partager les raisons de sa soudaine bonne humeur, et tout le monde s'esclaffa. Je ne comprenais rien ! Tim, les yeux pleins de larmes à force de rire, trouva entre deux hoquets la force de parler : « Le stress ! Mais ça n'existe pas chez nous ! Nous ne connaissons pas le stress ! Sais-tu comment on parle de ces trois lettres quand on dit "Lao PDR" ? On les traduit par "*Please Don't Rush*[1]." C'est ça, le Laos ! »

Il est vrai que le Laos était fort différent du Vietnam, la ruche étant l'image qui me venait immédiatement en tête lorsque j'évoquais ce pays. Au Laos, en effet, tout était différent.

D'un seul coup, je venais de comprendre, me semblait-il, que mes élèves et moi n'étions pas dans le même temps : j'étais dans Chronos, le temps linéaire, ils se situaient dans Kaïros, le temps opportun, qualitatif. Dégagée de la pression, j'ai ri moi aussi, et nous passâmes les deux journées dans l'apprentissage et la détente. De mon séjour, ce furent les meilleurs et les plus riches moments.

La valse des temps

Dans la Grèce antique, le temps est un concept triadique : Chronos, Aïon et Kaïros sont étroitement liés.

Chronos fait référence au temps qui passe : présent, passé, futur. Maintenant, on le « chrono-mètre », il se mesure de façon objective, il y a des étapes que l'on doit suivre, par exemple pour apprendre. « Je suis en retard à la réunion », est relatif à Chronos.

1. « S'il vous plaît, ne vous précipitez pas. »

S'il est important de donner du temps à l'activité et à sa mesure, qu'en est-il du repos ? Si toute minute dépensée hors travail est considérée comme une minute perdue, comment créer de la place pour les moments de détente et de loisir ? Car Chronos compte même les heures de détente.

Lors d'une série d'ateliers que je réalisais avec d'autres formateurs dans une grande entreprise, je me retrouvai avec une vingtaine de personnes, pour une heure trente, sur le thème de la gestion du temps. La plupart avaient couru pour être à l'heure, mais il était déjà tard et je savais – et eux aussi – que je n'aurais pas le temps de réaliser tout ce qui était prévu. Je sentais la pression monter – quel contenu prioriser ? Quel exercice privilégier ? Comment organiser la séquence pédagogique ? Je décidai alors, contre toute attente, de démarrer par une séquence silencieuse. « Nous sommes en retard, et nous le savons tous. C'est le bon moment pour ne rien faire », dis-je, non sans une pointe de provocation. Certaines personnes me regardaient d'un air surpris. Je fis tinter mes timbales tibétaines, et nous commençâmes quelques minutes de respiration silencieuse, que je guidai d'une voix calme et posée. Puis, de nouveau les yeux ouverts cinq minutes plus tard, j'engageai le groupe dans la première réflexion autour du temps.

L'évaluation de l'atelier est la partie intéressante : dix-huit personnes sur les vingt ont relaté que ce qui leur avait non seulement le plus plu mais aussi le plus appris était la séquence silencieuse de « perdre du temps pour démarrer », car elles avaient été « épatées » par leur calme et leur concentration après ces quelques instants. Bien décidées à appliquer cette méthode de retour dans leur service, avec leurs équipes, elles repartirent enthousiastes.

Ces cadres d'entreprise avaient compris que la rentabilité ne rime pas forcément avec « faire » et « agir ». Le temps pour penser, pour être juste présent à ce qu'ils ressentent, le temps pour se calmer est un temps précieux pour tout le monde. De ce fait, le temps rentable peut être aussi le temps perdu. Le sommeil, vu parfois comme du temps inutile, peut alors être réhabilité. Une réflexion s'engage, sur les besoins, le sens. Aïon s'infiltre dans Chronos.

L'Aïon est un temps qui peut signifier « génération » (le mot « aïeul » vient de là), « destinée », « éternité ». C'est le temps des cycles, des saisons, c'est aussi la force de vie. On se place sur un autre plan que sur le temps linéaire : « Où vais-je ? Qu'ai-je envie de réaliser dans ma vie ? » est une question qui relève de l'Aïon. Elle se pose lorsqu'on traverse une épreuve, que l'on choisit une direction : ce serait le temps du Soi, ou pour Soi. C'est un temps qui nous est propre.

Marie-Lise Labonté, une femme éclairée qui a autoguéri de la polyarthrite rhumatoïde, maladie réputée incurable, auteure de nombreux livres, a vu son mari se faire assassiner devant elle, à bout portant, alors qu'elle était cachée derrière un rideau, un 24 décembre. Elle nous parle du temps de l'épreuve dans son livre *Le Point de rupture* : « Nous rencontrons la force de la vie à l'état brut et sauvage. Nous rencontrons aussi la force de la mort qui balaie tout sur son passage, sans compromis, sans condition. Nous sommes face à cette puissance extrême dont nous nous sommes protégés toute notre vie de manière inconsciente ou consciente. Nous avions peur de vivre ou de mourir et l'épreuve nous met en présence d'un choix : continuer de vivre face à l'inimaginable, ou choisir de mourir car c'est intolérable[1]. »

Si je traverse une épreuve uniquement sur le mode de la douleur, je suis dans l'impatience qu'elle se termine, je suis dans Chronos. Si j'apprends de celle-ci, je suis dans Aïon : j'apprends quelque chose de la vie et suis en train de me dépasser. Cela n'est alors plus un temps que je juge inutile, mais au contraire un temps nécessaire.

Si l'on se trompe de temps, ou si on ne se sent pas prêt à affronter ce qui nous arrive, c'est-à-dire si nous voyons l'épreuve comme une adversité et non comme un signe de la vie nous incitant à éprouver nos forces en franchissant l'obstacle qui s'offre à nous, si nous sommes dans Chronos alors que c'est Aïon qui nous appelle, alors nous nous orientons vers une souffrance qui ne s'éteindra sans doute pas. Celle-ci va certainement nous fatiguer, épuiser nos forces physiques et mentales et nous emmener dans des abîmes douloureux. Aïon a besoin du recul et permet de donner du sens.

Le Kaïros est le temps opportun, le bon moment, c'est un temps qualitatif, qui permet de se situer par rapport à ses frères Aïon et Chronos. Parfois c'est le bon moment pour apprendre, parfois pas, c'est pour cela, peut-être, que nous pouvons répéter les mêmes expériences, encore et encore, jusqu'à ce que nous comprenions la leçon que nous demande la vie. Kaïros nous dit : « C'est le moment pour ceci », ou « Ce n'est pas le bon moment pour cela ».

1. Marie-Lise Labonté, *Le Point de rupture. Comment les chocs d'une vie nous guident vers l'essentiel*, Albin Michel, 2009.

Passer en force ne sert à rien : c'est l'enseignement de Kaïros. Un jour, un homme séduisant, très convoité, la quarantaine ou la cinquantaine, et ayant eu de nombreuses maîtresses, trouvera que c'est le bon moment, pour lui, de se marier. Avant de sentir Kaïros, cette décision est prématurée, et il risque de vouloir divorcer rapidement, ou de ne pas réussir à s'investir dans son union.

À l'occasion d'une épreuve, le temps Chronos va s'étirer, Aïon entre en scène, et à un moment, Kaïros va s'inviter : il s'agira alors de reprendre le cours de sa vie, certainement d'une manière différente. Sentir que c'est le temps opportun pour bouger, c'est que Kaïros est là.

L'invitation est ici de faire un bilan de votre vie, dans tous ses aspects : professionnel, relationnel, affectif, et aussi de votre santé. Dans quels temps vous trouvez-vous en ce moment ? Ressentez-vous le besoin de repenser vos priorités ?

Autant notre société rend Chronos monnayable, invitant à la fatigue parce que nous voulons en faire beaucoup dans le minimum de temps, autant les autres dimensions du temps, Aïon et Kaïros, ne sont pas achetables. Elles invitent à un pacte différent avec nous-mêmes, incitant d'autres aspects de nous à se manifester. Notre rapport à la vie, notre apprentissage de la vie, n'est pas quantifiable. Dans l'intime de nous, quelque chose nous est propre, qui ne se transmet ni ne s'achète, et qui nous souffle à l'oreille dans quel temps nous nous trouvons. Cette valeur-là, celle que nous donnons à notre temps, est sacrée.

Ces notions nous font contacter une forme de sagesse intrinsèque, que nous possédons tous pour un peu que l'on se donne la peine de l'interroger. Ces questions, nous pouvons les poser dans le temps du silence, le calme, le repos de l'esprit. Où et pourquoi courons-nous ? Parfois, ce sera utile, parfois pas. Tout dépend.

Écouter et être attentif à l'utilisation de son temps et à ce que l'on ressent à cet instant. C'est quand on a compris ce qui est essentiel pour soi qu'on peut décider ce qu'on peut faire de son temps. Cela sera plus précieux que de continuer à courir sans savoir, car cette course épuisante n'a pas de fin, et ne nous apportera donc jamais le repos.

La respiration, garante de la paix de l'esprit

Respirer est la première chose que nous faisons en venant au monde, c'est ce qui nous permet de nous ouvrir à la vie terrestre, après des mois passés dans une bulle liquide, chaude et protégée. Toute l'attention des professionnels qui accompagnent la naissance est tournée vers ce premier souffle. Respirer, c'est « inspirer – expirer ». Cela semble simple… et pourtant ! Bien des années plus tard, nombre d'entre nous ont oublié de respirer : lorsque nous sommes stressés, nous respirons seulement dans la partie haute du corps. Avoir le souffle court, coupé, haleter… le vocabulaire est riche pour décrire l'activité de nos organes respiratoires. Lorsque le mental est agité, le souffle est agité. La qualité de la respiration s'améliore dès que l'on y porte attention.

La respiration, mécanisme inconscient, devient alors un moyen d'action conscient.

La respiration est une formidable porte d'entrée pour notre monde intérieur émotionnel. Sur le plan psychologique, elle calme le mental, diminue le stress, élimine les tensions, améliore la concentration et l'attention, équilibre le système nerveux.

Aussi, la réguler, notamment *via* le nerf vague, permet de nous apaiser, de revenir à un état de paix et de bien-être. Car, même si la respiration est contrôlée par le système nerveux autonome, nous pouvons apprendre à maîtriser notre souffle, dans les moments difficiles, afin de pouvoir réguler nos émotions souvent agitées.

« Respirer, se connecter, s'observer »

Allongez-vous. Doucement, fermez les paupières, étirez-vous.

Ressentez vos mouvements respiratoires... Commencez par expirer et respecter ainsi la grande symbolique de la tradition indienne : « Donner et ensuite recevoir. » Puis inspirer. À l'inspiration le ventre se gonfle. Il n'y a aucun effort à faire. À l'expiration il reprend sa place. Soyez attentif à l'air qui pénètre et ressort de vos narines, sa fraîcheur à l'inspiration, venant de l'extérieur, et plus chaud à l'expiration, venant de vos poumons. Prenez conscience de votre intériorité. Relâchez les muscles du visage, du front, des yeux. Sentez cette fine vibration sous les paupières. Sentez les muscles des joues. Sentez comme à l'extérieur rien ne bouge, et comme à l'intérieur tout est fluide en vous. Restez dans cette recherche paradoxale : fermeté et détente, immobilisme et fluidité. Relâchez bien à l'intérieur. Cet exercice dure entre dix et quinze minutes[1].

Comment vous sentez-vous à présent ? Quelles différences remarquez-vous par rapport au début de la séance ?

La thérapie corps-esprit qu'incarne le yoga met l'accent sur la culture de la conscience du corps, que ce soit au niveau de l'intéroception (perception des sensations internes du corps) ou à celui de la proprioception (perception de la position des différentes parties du corps). Développer sa capacité à percevoir ses sensations internes est un entraînement que l'on peut réaliser en scan corporel dans la pratique de la méditation de pleine conscience. En se connectant avec ses sensations internes, c'est-à-dire en faisant silence en soi-même, on peut remarquer des différences dans certaines zones, qui seront plus contractées que d'autres. Lorsque je fais réaliser cet exercice, certains participants sont surpris de constater ces différences alors qu'ils pensaient ne rien éprouver. En entraînant notre attention, nous nous connectons d'une façon nouvelle à nos sensations. Non seulement nous nous mettons à sentir, mais nous apprenons aussi à respirer consciemment pour accompagner nos perceptions et rétablissons la conscience à l'intérieur de nous-mêmes.

1. Exercice inspiré de ma formation à l'ENPY (École nationale des professeurs de yoga), à Bordeaux.

Retrouver calme et vitalité

Je pratique souvent Nãdī Sodhana, qui est un exercice yogique visant à purifier les Nãdī, canaux d'énergie grâce auxquels circule le Prãna, l'énergie vitale universelle se manifestant par notre souffle. À la fois apaisante et vitalisante, elle prépare à la méditation lorsque les participants reviennent d'une longue journée de travail, car cette respiration permet de se concentrer assez rapidement, du fait de l'attention qu'elle requiert.

Asseyez-vous confortablement, le dos droit. Le bras droit est relâché, votre main est devant votre visage. Puis bouchez votre narine droite avec votre pouce. Les extrémités de l'index et du majeur en contact, et posées entre vos sourcils (« troisième œil », siège de la concentration). Expirez complètement par la narine gauche. Inspirez par la narine gauche. Puis bouchez votre narine gauche avec votre annulaire et votre auriculaire ensemble dans une douce suspension de souffle : vos deux narines sont bouchées. Maintenant, soulevez votre pouce et expirez par la narine droite. Inspirez par la narine droite. Bouchez les deux narines, suspension de souffle, expirez par la narine gauche... etc. Comptez une dizaine de cycles (un cycle = droite et gauche). Vous pouvez égaliser les temps d'inspiration et d'expiration, ou bien pratiquer une expiration plus longue, par exemple compter 5 à l'inspiration et 8 à l'expiration.

Après cette respiration, observez vos sensations une fois vos deux bras relâchés, vos mains posées sur vos genoux.

Ainsi, dans un climat de bienveillance, de non-réactivité, de curiosité et d'acceptation, le yoga permet d'apprendre petit à petit à s'écouter et à cultiver la conscience de ce qui se passe en soi. Avec la pratique, et outre des bienfaits physiques relevant de la tonicité musculaire et de la souplesse, des qualités nouvelles peuvent émerger grâce à la stimulation du nerf vague : l'adaptabilité, la régulation et la résilience. Une meilleure gestion de la douleur, de ses émotions permet de voir la vie autrement et d'augmenter son niveau de bien-être eudémonique[1].

Pratiquer la respiration consciente et complète (du fond de l'abdomen jusqu'au sommet de la tête) pendant une dizaine de minutes chaque jour permet de réguler son rythme cardiaque, sa pression artérielle et le taux de cortisol. Cette régulation a des effets bénéfiques bien au-delà de ces organes : elle concerne même le renforcement du système immunitaire.

Se recentrer avec la respiration Ujjayi, « respiration du dormeur »

Asseyez-vous confortablement, dos droit. Dirigez votre attention vers la base de votre gorge, en gardant votre glotte légèrement fermée. Commencez par expi-

1. Le bien-être eudémonique est le bonheur lié au sentiment d'avoir une croissance personnelle, d'avoir des buts et de mener une vie qui a du sens. Peut-être que les personnes hypersensibles seraient plus nombreuses à avoir besoin de l'éprouver pour se sentir heureuses, les autres se satisfaisant d'un bonheur hédonique, lié à la recherche du plaisir et à l'évitement de la souffrance.

rer par les narines, puis inspirez et expirez en émettant le son « Ahhh ». Inspirez complètement puis émettez le même son, bouche fermée, sans forcer l'air, par les narines. En relevant la langue, le passage de l'air dans la trachée est réduit, comme lorsqu'on retient un bâillement. Pendant l'expiration faites le même son.

Le son du souffle ressemble alors à un petit ronflement. Déplacez votre attention vers ce son respiratoire. Écoutez-le de façon attentive sans tension ni effort inutile. Grâce à cette écoute, votre mental va s'apaiser, l'esprit devenir plus calme et les pensées moins vagabonder.

Si possible, faites toujours durer l'inspiration plus longtemps que l'expiration.

Cette respiration imite celle d'une personne qui dort. C'est une respiration profonde, calmante, à la base de toutes les méthodes de relaxation.

Je l'enseigne souvent aux personnes que j'accompagne, car elle est très aidante pour se recentrer face à des situations émotionnellement difficiles, fréquentes dans la vie professionnelle, ou dans leur vie privée.

À travers cet exercice, les gens découvrent les vertus du yoga sans *a priori*, ils apprennent à s'apaiser et à développer leur autonomie. En groupe, cela renforce les liens et la complicité, ces exercices étant exclusivement basés sur le corps : la barrière de l'intellect n'étant plus active pour évaluer, jauger, comparer, les personnes sont dans la découverte de leurs sensations, et s'aperçoivent qu'elles sont toutes logées à la même enseigne. Le rire, l'humilité prennent rapidement place et s'installent durablement dans les échanges.

Méditation et clarté mentale

Il existe de nombreux livres sur la méditation de pleine conscience. La pratiquer revient à entraîner son cerveau, ou, plus exactement, à entraîner son attention. En effet, grâce aux neurosciences, on sait que le cortex préfrontal est la zone la plus évoluée du cerveau (elle termine son développement vers l'âge de vingt-cinq ans en moyenne). La méditation de pleine conscience, ou *mindfulness*, a été introduite pour la première fois en Occident par le grand maître bouddhiste vietnamien Thich Nhat Hanh, fondateur du Village des pruniers et auteur de nombreux livres. Elle a été ensuite rendue célèbre à la fin des années 1970 par le professeur de médecine Jon Kabat-Zinn, qui a pu l'étudier et publier de nombreuses études scientifiques validant ses bienfaits. Elle est utilisée dans des milliers de centres de soin dans le monde, pour réduire le stress, prévenir les rechutes dépressives et mieux vivre avec une douleur. Loin d'être une mode, elle est un véritable outil thérapeutique et scientifique ainsi qu'un enjeu de santé publique. « Détente et vigilance ensemble », voilà l'équilibre requis par la *mindfulness*. Car, en général, le piège est de se dire : « Je dois me focaliser sur le moment présent », et se crisper pour rester vigilant. Mêler la détente à cette attitude est toute la difficulté.

> Posez ce livre et décidez de rester ainsi quelques minutes, sans rien faire et sans intention de penser à quelque chose de particulier. Pouvez-vous vous centrer sur votre corps, écouter les sons qui le traversent, les sensations présentes, sentir où se trouve exactement votre langue dans votre bouche, vous écouter respirer ? Puis vous détendre suffisamment pour laisser aller votre esprit là où il le souhaite ? Restez ainsi, si vous le pouvez, une bonne dizaine de minutes.
>
> Que s'est-il passé pour vous ?

Méditer ensemble et en silence est une expérience humaine à la fois surprenante, enrichissante et nourrissante, qui peut être (surtout en France) facilement assimilée à une pratique religieuse, mais il n'en est rien, et ce, même si la spiritualité peut s'inviter dans certaines pratiques hors champ.

Pour ma part, je ne détache pas de manière absolue rationalité et spiritualité, car ma conviction est que la spiritualité – religieuse ou pas – fait partie de notre quête d'être humain et, surtout, de notre nature profonde. Mais c'est surtout le respect de chacun, dans sa croyance ou sa non-croyance, qui caractérise ma pratique méditative. Lors du premier confinement, j'ai spontanément proposé une méditation vidéo chaque jour à la même heure en direct, et des personnes n'ayant jamais fait de méditation de leur vie s'y sont mises. Nous formions, chaque jour, un égrégore d'un type que je n'avais jamais encore connu jusque-là, et par la suite, les gens[1] en ont

1. En majorité des femmes.

redemandé, car ils se sont aperçus des bienfaits que cela leur procurait, au niveau à la fois mental et émotionnel.

Dans la série documentaire sonore *Éprouver le silence*[1], Pascal Auclair, enseignant en méditation depuis des décennies, confie ce beau témoignage :

« En général, on arrive à la méditation par la souffrance et sans entrain. On n'y va pas par gaieté de cœur. Avant d'être malade ou en burn-out, on a souvent l'impression "d'être" la santé. Avec la maladie, l'idée de la mort nous étreint, alors, la méditation nous apaise, au bout d'un certain temps du moins. C'est une pratique très simple, et en même temps exigeante et surtout, on doit la pratiquer régulièrement afin qu'elle porte ses fruits. Quand on est assis, il suffit de prendre conscience que l'on est assis. On observe ce que l'on sent, sans avoir rien d'autre à faire. On devient sensible au chaud, au froid, etc. On voit que l'on pense, et on voit que l'on peut s'accrocher à nos pensées, parfois. On s'agrippe. Alors que si on peut juste observer les phénomènes sans avoir d'opinion, juste regarder avec acuité, c'est magnifique. C'est l'esprit aiguisé.

Avec le gong du bol tibétain ou le tintement des clochettes, on crée un espace de transition entre le monde du bruit et le monde du silence, on crée une porte. On entre vraiment dans une dimension sacrée, même si on fait de la méditation laïque. Une communauté de silence, c'est émouvant.

Pratiquer la mindfulness, c'est s'intéresser à "oh, c'est ennuyeux", "oh c'est long". On finit par perdre l'intérêt à

1. https://soundcloud.com/user-766834511-91967109/eprouver-le-silence/s-EGrYcJUhLi
Série documentaire sonore *Éprouver le silence*, de Sara Le Menestrel, avec le soutien du CNRS/EHESS/DIS, texte issu du premier épisode, voix de Pascal Auclair.

ce qui "devrait être" pour s'intéresser à "ce qui est". On s'intéresse à l'expérience. C'est une écoute, une acceptation de ce qui est présent. Au lieu de "vouloir autre chose" que ce qui est là (émotions désagréables par exemple), on écoute et c'est tout. On peut écouter le son qui émerge et s'en va. En portant attention à notre expérience, on va la modifier parfois. L'attachement, le détachement. C'est cela. Voir par soi-même. Sentir la nature de notre réalité. La mindfulness est une collecte de données de haute qualité. On collecte. Qu'est-ce qui cause la souffrance ? C'est notre attachement. "Quand j'aurai atteint ce but, je serai heureux." Quelle vitesse est acceptable pour atteindre mon objectif ?

Nous sommes souvent rongés par l'impatience, la haine, la passion, la jalousie, la compétition… Le fait d'observer notre ennui, par exemple, et de l'explorer provoque autre chose et l'expérience devient variée à un moment où on ne s'y attend plus.

Qu'est-ce que cela nous apprend ? En quoi cela peut nous être utile dans notre travail ?

Le corps semble immobile à l'extérieur, il frétille à l'intérieur. C'est une apparence d'immobilité, mais en fait il y a beaucoup de mouvements ; ça picote, ça bouge.

C'est important de lâcher l'attachement : nous sommes attachés à notre souffrance. Par exemple je vais respirer fort car j'ai les narines bouchées, et je vais ressentir de la gêne, et cela va m'envahir. Comment je peux rester stable en moi-même avec la gêne ? La compassion, la gentillesse, le développement de belles qualités, c'est important. On pratique la mindfulness pour augmenter sa possibilité de CHOIX. S'entraîner maintenant, cela revient à pouvoir agir avec justesse lorsque j'aurai une décision à prendre par exemple. »

La méditation régénère. Elle possède des phases distinctes que les études en imagerie cérébrale commencent à découvrir.

Nous l'avons déjà évoqué, deux grands réseaux neuronaux sont actifs dans notre cerveau : un réseau exécutif, situé dans le cortex préfrontal, propre à la concentration, et un autre dit « réseau par défaut », associé aux vagabondages de l'esprit. Même chez les méditants les plus aguerris, le vagabondage prend le pas sur la concentration. C'est apparemment comme ça, cela fait partie du fonctionnement naturel de notre cerveau. Cependant, les recherches montrent que, lorsque l'on médite de manière régulière, on est capable de s'en apercevoir plus rapidement, et la nouvelle focalisation qui s'ensuit démarre un nouveau cycle. Plus l'esprit est entraîné, plus les cycles s'en trouvent allongés.

La méditation, avec de l'entraînement, permet de s'apercevoir de notre vagabondage mental surtout lorsqu'il est délétère (ruminations, pensées noires, etc.), et de pouvoir alors revenir à une concentration sur le moment présent. Lorsque l'on sait que les pensées obsédantes et noires entretiennent l'état dépressif, on comprend que cette pratique est intéressante à plus d'un titre. Les traumas infantiles perturberaient le mode par défaut, d'où l'utilité, encore une fois, de soigner ses traumatismes, ses blessures émotionnelles afin de réorienter sa vie, le mieux possible. Et ce n'est ni un luxe ni un signe de faiblesse[1].

---

1. Malheureusement, j'entends encore trop de personnes persuadées qu'aller voir un psy est un signe de faiblesse, surtout les hommes, qui ont depuis toujours la pression d'être forts, confondant ladite force avec la rigidité et la tension, intérieure comme extérieure. Comme m'a dit un

Mais comment expérimenter le calme lorsque la tempête a frappé dès l'enfance et que des habitudes mentales se sont installées ? Tout le monde ne peut pas se lancer sans préalable dans la méditation, certaines précautions doivent être prises en cas de gros traumas, en particulier dans l'enfance. La pleine conscience permet en quelque sorte de rééduquer le cerveau, ou plutôt de lui permettre de se reconnecter avec cette qualité innée que nous avons oubliée dans le tourbillon de nos vies : la présence à soi et au monde. C'est à chacun d'évaluer ce qu'il se sent capable de faire. Si vous vous sentez très vulnérable, faites confiance à un professionnel de la santé mentale et faites-vous accompagner en méditation dans des protocoles spécialement conçus pour vos types de fragilité[1].

Vivre *slow*, vivre autrement

Dans son excellent livre, *Slow Business*, Pierre Moniz-Barreto rappelle le succès phénoménal de l'ouvrage de Carl Honoré[2] *Éloge de la lenteur*. La décélération est une nécessité à tous les niveaux, et concerne l'humain aussi bien que l'entreprise. Il existe des tâches qui demandent du temps, quoi qu'on dise : la pensée complexe, l'écoute empathique, la mise en place d'une relation, une gros-

---

jour cet homme en souffrance dans son travail : « Il faut tenir, tenir, tenir, et surtout sans rien dire. » Au contraire, tout est dit… hélas.

1. https://www.association-mindfulness.org/index.php

2. Carl Honoré, *Éloge de la lenteur. Et si vous ralentissiez ?*, Marabout, 2005.

sesse… Gagner du temps peut finir par en faire perdre. Je reçois beaucoup d'adultes, qui sont des ex-enfants auxquels on a porté peu d'attention, avec des parents surinvestis dans leur travail, en survie sans le savoir.

La rapidité stimule notre système sympathique et nous procure une excitation pouvant nous hypermobiliser, nous donnant ainsi la sensation d'être pleinement vivants. Si nous nous attachons à cette sensation, nous risquons d'en payer le prix fort et de nous épuiser au final. Comme dit Uwe Kliemt, que cite Carl Honoré[1] : « Il est stupide de boire un verre de vin trop vite… et il est stupide de jouer Mozart trop rapidement. »

Ainsi, au culte de la vitesse pouvons-nous opposer le « temps juste », c'est-à-dire rapide lorsqu'il doit l'être, lent lorsque c'est nécessaire et approprié. Et savoir que, parfois, l'économie d'un temps inutile ne peut être réalisée. Pour cela, il est essentiel d'avoir réfléchi à ses priorités et à son but dans la vie. Que souhaitons-nous voir aboutir qui, sur notre lit de mort, nous fera dire : « J'ai réussi ma vie, j'ai fait ce que j'avais à faire, ce qui avait du sens pour moi, et je meurs en paix » ? C'est ce que nous évoquions plus haut avec la psychologie positive : tout va dans le même sens.

Sloanne vient de perdre son père, auquel elle était très attachée, mort après une agonie de plusieurs semaines. Malgré sa trentaine d'années et son job à responsabilités (directrice financière d'une filiale liée à une entreprise industrielle importante), elle se sent fléchir : perte d'atten-

1. Pierre Moniz-Barreto, *Slow Business*, Eyrolles, 2015, p. 50.

tion, de mémoire, fatigue morale et mentale… Elle n'arrive pas à reprendre le dessus. Sa hiérarchie, heureusement, réagit bien et organise son remplacement pendant le temps où la jeune femme aura besoin de se reposer. Celle-ci pourra rester en contact avec les équipes tant qu'elle le souhaite (et Sloanne le demandait), et aura le temps nécessaire avec les siens.

Deux mois après, plus calme, Sloanne était en mesure de reprendre son travail à plein temps, mais cette fois en déléguant davantage, comme si ce temps de repos l'avait amenée à revisiter son organisation et son rapport de confiance aux autres.

Des pauses pour se poser

Prendre des pauses, instituer des rituels pour marquer les passages, écouter son corps sont des normes à inventer, et non des exceptions à recadrer.

Nous revenons encore une fois à des mots comme « confiance », « joie », « motivation ». Cela ne pourrait-il pas être un nouveau baromètre ?

Jacques Lecomte, psychologue et professeur d'université, auteur de nombreux ouvrages, parle des apports de la psychologie positive dans le domaine du business. La confiance apparaît comme une clé, qui nécessite plusieurs qualités personnelles et interpersonnelles. Que vous faut-il pour que vous vous sentiez en confiance[1] ? Certains parlent de *servant leadership* : le leader est d'abord serviteur, et cultive pour cela des qualités de

1. Concept clé découlant du modèle FIRO élaboré par le psychologue et statisticien Will Schutz : « L'Élément humain ».

proximité, d'humilité, de probité. Ce leader-là ne fait pas que travailler : il développe jour après jour sa personnalité, s'occupe de sa croissance personnelle, tout comme d'autres s'adonnent à la musculation de façon journalière pour avoir un beau corps, ou à une langue étrangère pour la parler couramment. Autrement dit : ces leaders-là ont une vision, un but, alliant humanité et business.

Idem dans le domaine médical : qui peut oublier le médecin qui prend le temps de vous sourire, voire de poser une main sur votre épaule alors que vous êtes si vulnérable, sur votre lit d'hôpital, seul au monde ? Et, à l'inverse, ce professionnel pressé qui vous dit à peine bonjour, ne regardant que votre courbe de température, vous tournant le dos et marmonnant une remarque désagréable du type : « Et aérez-moi ça ! » alors qu'il repart aussitôt ? L'humanité en lieu et place de la technique, cela fait souvent perdre du temps. Mais… que gagne-t-on vraiment, au final ?

Des pauses, nous pouvons en faire régulièrement : *slow-food*, *slow*-éducation, *slow-working*, *slow-relationship*… Regarder des scènes de la nature, par exemple, ou des enfants jouer. Tout est prétexte, si l'on veut ralentir. Dans ce monde intense, nous pouvons « slower », nous délecter de la vie, aérer notre esprit, nous libérer de la pression et accéder dans le même temps à nos ressources, enfouies sous trop de pression mentale et de fatigue accumulée.

Manger *slow* en pleine conscience

Avez-vous déjà observé votre façon de manger ? Mâchez-vous suffisamment votre nourriture, ou bien avez-vous l'habitude d'avaler tout rond tout en lisant ou en regardant un écran ?

Lors de votre prochain repas, expérimentez ce qui suit :

– Préparez-vous une belle assiette, faites en sorte que ce soit joli et prenez quelques instants pour contempler.

– Prenez une première bouchée, reposez votre fourchette et dégustez pleinement, en mâchant bien, en étant pleinement présent à votre expérience.

– Lorsque vous avez terminé de mâcher, avalez. Observez ce qui se passe en vous : identifiez-vous une envie pressante de continuer, une certaine avidité, une impatience ?

– Recommencez. Si cela est trop difficile, accordez-vous deux ou trois bouchées « comme d'habitude », puis reprenez une bouchée lente, en observant.

Cette façon de manger est une méditation. Elle permet aussi de manger moins, car, en développant une conscience de ce que vous êtes en train de faire, une attention à ce que vous mangez et à comment vous mangez, vous vous apercevrez que la satiété prend place plus rapidement que d'ordinaire.

Et, cerise sur le gâteau, vous digérerez mieux, vous sentirez plus calme et paisible.

12

L'autocompassion, la gratitude et la vulnérabilité : s'aimer et accueillir pleinement la vie

Nous passons beaucoup de temps à lutter, car notre mode de vie trépidant l'exige. L'épuisement mental vient de ce combat contre nous-mêmes. En incluant des pratiques simples à notre quotidien, en créant jour après jour des petites habitudes de pensées, de sentiments, de comportements, nous pouvons instaurer une autre réalité, plus vivante, plus intéressante, et surtout, plus douce, qui, petit à petit, nous fera récupérer une énergie insoupçonnée : l'énergie de l'espoir, et de la joie.

L'autocompassion : un peu de douceur sous cette tempête de fatigue

La souffrance et la fatigue qui y est associée viennent du fait que nous n'acceptons pas d'avoir mal. Or, la vie fait mal, par essence. En voulant toujours éviter la douleur, nous n'apprenons pas à l'observer, l'accueillir, l'apprivoiser.

Il est toujours étrange pour les gens que j'accompagne d'entendre cela : depuis quand devrions-nous accepter de souffrir ?

Pourtant, ne pas accepter la réalité de sa douleur participe à notre souffrance, et aussi à sa violence, car nous nous mentons à nous-mêmes. « Douleur et souffrance sont des fils qui unissent tous les hommes[1]. » En outre, certains adeptes de la méthode Coué, qu'ils confondent parfois avec la pensée positive, se persuadent que la solution est de se dire qu'ils vont bien alors qu'en réalité c'est l'inverse.

Lorsque tout fout le camp dans notre vie, lorsque nous n'arrivons plus à nous battre, à faire face, c'est que nous avons déjà trop lutté. Or, que faisons-nous la plupart du temps ? Nous nous en voulons d'être aussi faibles, nous avons honte de nous. En plus de la fatigue qui s'installe, nous en rajoutons une couche en nous fustigeant, jour après jour, heure après heure, comme un bourreau torturant sa victime. Au lieu de s'accorder un répit, on s'engage sur la voie de la résistance maximale[2], celle qui, précisément, peut nous mener au burn-out, à un problème de santé grave, et même à la mort. Parce qu'on nous a toujours répété qu'il fallait être fort ; et cela, on l'a intériorisé.

L'autocompassion est une pratique puissante, qui nous engage dans une voie de sincérité et de douceur avec nous-mêmes et les autres. Tout comme la bienveillance, c'est une compétence qu'il nous faut apprendre,

1. Christopher K. Germer, *L'Autocompassion*, Odile Jacob, 2013.
2. *Ibid.*, p. 39.

entraîner et développer, car elle nous aide à nous calmer lorsque nous avons peur et, d'une manière générale, lorsque nous ne pouvons faire face à une situation que nous estimons au-dessus de nos forces et que nous nous en voulons pour ça.

Le philosophe André Comte-Sponville écrit : « La compassion est un sentiment : en tant que tel, elle se ressent ou non, et ne se commande pas. C'est pourquoi comme Kant nous le rappelle (*in Doctrine de la vertu*), elle n'est pas susceptible d'être un devoir. [...] ce n'est pas un devoir que de l'éprouver, mais c'en est un, explique Kant, que de développer en soi la capacité de la ressentir[1]. »

Nous ne nous en rendons pas compte, mais être dur envers soi entraîne de la dureté et une intransigeance toxique envers les autres. Le terreau d'une telle attitude est souvent la honte. En refusant d'admettre ce qui est, nous vivons dans l'illusion d'une vie parfaite, sans souffrance, et cette lutte incessante, sans concession, nous épuise. Oh, bien sûr, elle ne nous épuise pas tout de suite. Et puis, nous y sommes habitués, alors, nous accumulons tensions corporelles, psychologiques, mêlées de honte, et de ce fait d'agressivité ou de soumission... nous allons mal, mais nous continuons à fonctionner comme si tout allait bien. Or, c'est le meilleur chemin pour se détester, chaque jour, un peu plus.

« Résistez à l'anxiété, et elle peut tourner à la panique totale. Supprimez le chagrin, et vous risquez

1. André Comte-Sponville, *Petit traité des grandes vertus*, PUF, 1997, p. 156.

de sombrer dans la dépression chronique. Quant à lutter contre le sommeil, cela peut vous tenir éveillé toute une nuit[1]. »

Au contraire, l'autocompassion est une porte essentielle pour la compassion envers les autres, et le renforcement de l'estime de soi.

Être sincère avec soi

Un de nos mécanismes de défense favori est le déni : « Même pas mal. » Nous nous défendons souvent contre le sentiment d'être vulnérables. Il faut parfois un cheminement, lorsqu'on n'a pas l'habitude d'écouter son monde intérieur et émotionnel, pour admettre que la mort d'un proche, par exemple, ou un licenciement brutal nous a meurtris et laissés démunis. Comme disait récemment une jeune femme que j'accompagne : « Bon, une fois que je sentirai la douleur de ce deuil, ça va faire quoi ? » Nous cherchons des solutions pratiques, nous cherchons à résoudre plutôt qu'à laisser être. Ainsi, si nous cherchons à méditer *pour* nous calmer, cela risque de ne pas marcher et si nous pratiquons l'autocompassion *pour* supprimer notre fatigue, pas davantage.

DOULEUR x RÉSISTANCE = SOUFFRANCE

Cela signifie que plus nous résistons à la douleur, plus nous souffrons : la résistance à la douleur provoque la souffrance. L'acceptation de celle-ci est difficile à

1. *Op. cit.*, p. 246.

mettre en place car contre-nature, mais c'est cela qui est efficace et qui est proposé dans toute pratique, qu'il s'agisse d'une douleur physique ou morale. »

Accepter ce qui nous traverse est la première étape. Accepter, cela signifie s'ouvrir à ce qui est en nous et à tout ce qui surgit, moment après moment. Il s'agit de créer une relation différente avec soi-même : au lieu d'y mettre de la dureté et de l'intransigeance, y installer de la douceur et de l'élasticité. Quand je me retrouve face à quelqu'un qui m'impressionne et que, malgré mes efforts, je ne me sens pas à l'aise, que va-t-il se passer ? Si je ne mets pas de compassion sur ma gêne ou ma timidité, si je n'accueille pas mon sentiment de vulnérabilité, je vais y aller en force et me contracter. Je ne suis pas en train de dire qu'il faut tout arrêter et attendre de se sentir à l'aise. Simplement que si je ne me sens pas à l'aise, c'est MA réalité, ici et maintenant. En la conscientisant et en étant sincère avec moi-même, je peux prendre soin de moi, respirer par exemple, rester présent à ce qui se passe à l'intérieur tout en faisant ce que j'ai à faire à l'extérieur. Et si c'est difficile, je ne me déteste pas, je n'ai pas honte de ce que je ressens, je ne cherche pas à étouffer ou à remplacer cette émotion. J'accueille ce qui est là. C'est essentiel. Évidemment, cette attitude ne va pas de soi et demande de la pratique.

Pause d'autocompassion[1]

Cette pratique est à réaliser lorsqu'on ressent le besoin d'éprouver de la compassion pour soi-même.

Pensez à une situation difficile pour vous en ce moment, mais pas trop accablante non plus, surtout si c'est la première fois que vous pratiquez l'autocompassion.

Visualisez cette situation, ses composantes, pour la rendre la plus vivante possible. Acceptez, du mieux que vous pouvez, de ressentir l'inconfort dans votre corps.

Maintenant énoncez ces trois phrases, qui sont les trois composantes de l'autocompassion :

– Cela est un moment difficile et de souffrance pour moi.

Prenez conscience de ce qui est présent en soi, de ce qui est douloureux. Utilisez le vocabulaire, la forme de phrase qui vous convient le plus.

– La souffrance fait partie de la vie. D'autres personnes se sentent aussi comme moi. Je ne suis pas la seule qui souffre sur Terre.

En effet, tous les humains partagent la douleur ou le mal-être. Le conscientiser permet de ne plus se sentir isolé dans sa souffrance.

– Puis-je avoir de la bienveillance pour moi ?

Pour la soutenir, portez votre main sur votre cœur, ou un autre endroit où c'est confortable, et sentez la douceur de votre main, et ce toucher apaisant.

1. Texte issu de la retranscription d'une des pratiques proposées par le site Autocompassion en pleine conscience. https://autocompassionmtl.wixsite.com/autocompassion/pratiques

Vous prenez ainsi soin de vous. Formulez ensuite un souhait profond de bienveillance pour vous.

Observez comment votre corps réagit. Laissez-vous être simplement ce que vous êtes, ici et maintenant. Quand vous êtes prêt, ouvrez doucement vos yeux.

Christopher K. Germer remarque que ce sont les tensions musculaires persistantes (et toujours présentes lorsque nous avons subi des traumas) et non les anomalies structurelles qui provoquent la majorité des douleurs lombaires chroniques[1]. Et la tension musculaire s'accroît lorsque nous sommes inquiets ou quand les muscles ne sont pas utilisés. En outre, l'inquiétude amplifie les signaux de douleur. On tourne en boucle. Les hypocondriaques ont tous cette tendance à l'anxiété et à l'exagération de la douleur (qu'ils perçoivent effectivement mais de façon amplifiée, comme un écho de leur inquiétude).

Ainsi, ce qui fait mal est davantage notre résistance à la douleur que le fait de l'accepter. Nier le ressenti d'une émotion est vain, alors qu'y entrer pleinement est une source d'apaisement certain – mais pour cela, il faut accepter d'avoir mal en traversant ce qui nous étreint.

Germer cite également l'insomnie et la peur de parler en public comme exemples de ce mécanisme. « La suppression crée précisément la préoccupation contre laquelle elle est conçue [...] ; les pensées que nous chassons

1. Christopher K. Germer, *L'Autocompassion*, *op. cit.*, p. 45.

reviennent nous hanter [...]. Une fois que nous sommes anxieux, nous devenons anxieux de notre anxiété. La seule solution durable pour affronter l'angoisse de parler en public est tout bonnement d'être anxieux. » Et il ajoute plus loin, en parlant des relations de couple et autres problèmes du quotidien : « Dans les cas les plus graves, les efforts que l'on fait pour ne pas ressentir de honte en attaquant d'autres gens, verbalement ou physiquement, peuvent détruire des relations, voire des vies[1]. »

Mais comment faire pour accepter, me direz-vous ? C'est la question que l'on me pose souvent. Eh bien, c'est un peu comme les régimes alimentaires : d'abord il faut se connaître, et savoir que si l'on se fait trop violence, ou si l'on va trop vite, cela ne marchera pas. Il n'y a pas de recette, c'est à chacun de sentir le rythme qui est juste, de se servir de son intuition. Selon la chercheuse en sciences sociales Brené Brown[2] : « Il n'existe aucun test de confiance, aucun système de notation, aucun feu vert qui indique qu'il n'y a aucun danger à se découvrir. » Même chose quand on a vécu de grandes souffrances, qu'on veut les affronter et que l'on a peur qu'elles remontent en force. Il faut se dire que c'est normal, accepter de prendre le temps de ce travail, au rythme qui nous convient, spécifiquement.

Une de mes amies m'a un jour confié : « Je ne me mets jamais en colère parce que j'ai peur de devenir violente. » Dans son parcours de femme abusée, médusée, humiliée, la sidération et le figement l'avaient longtemps empêchée de

1. *Ibid.*, pp. 51-54.
2. Brené Brown, *Le Pouvoir de la vulnérabilité*, Guy Trédaniel, 2014, p. 58.

se relever et d'oser affronter l'autre – sauf dans son métier d'avocate. Lorsqu'elle a franchi le pas de se confier à moi, c'est parce qu'elle avait commencé à oser sentir sa colère, et à l'accepter dans un mouvement de pleine conscience. « Je veux aller au bout de moi-même », m'a-t-elle avoué avec un regard direct et clair. J'ai senti que c'était juste, et qu'elle était déterminée en disant cela. Après des années passées à défendre les autres, elle était prête, à cinquante ans, à apprendre, à grandir et à se défendre elle-même[1]. C'est lorsqu'on sait nager que l'on peut oser apprendre à plonger en se sentant compétent et en sécurité.

Tout change, et nous aussi

Hier, nous l'avons vu, nous lui avons parlé, et aujourd'hui, ce proche est dans le coma. Lorsque vous avez affaire à une personne mourante, vous sentez-vous embarrassé ? À qui parlez-vous : à la personne ou à la mort prochaine ? Que voyez-vous chez l'autre ? Souvent, nous sommes embarrassés car nous cessons de voir l'autre pour ne voir que la souffrance, la sienne, la nôtre. Nous sommes démunis et nous ne savons pas quoi dire. Mais y a-t-il vraiment quelque chose à dire ? Ce malaise est lié à notre propre peur de ce que cette situation nous renvoie. Pouvons-nous l'accueillir et accueillir aussi notre impuissance ?

Ce qui est important – et nous l'avons vu dans la crise du coronavirus – est la connexion. Nous sommes faits

1. Isabelle Méténier, *Histoire personnelle, destinée professionnelle. Enfance, adolescence et carrière professionnelle : les liens invisibles*, Dervy, réédition 2016.

pour être en lien ; nous sommes des êtres sociaux, et nous pouvons souffrir de notre propre emmurement. Accueillir notre douleur est la première étape pour accueillir l'autre dans ce qu'il traverse : c'est le meilleur antidote pour ceux qui souffrent du syndrome du sauveur et qui s'épuisent à tenter de mettre en place ce qu'ils croient être bon pour l'autre, sans jamais lui avoir demandé son avis ou avoir vérifié qu'il a vraiment besoin d'aide.

Refuser de voir que tout change, que nos enfants grandissent, par exemple, c'est créer les conditions pour souffrir, car nous luttons encore. La méditation de pleine conscience, en nous aidant à accepter pleinement le moment présent, nous permet de créer une relation plus souple au monde, de respirer avec lui, et de laisser tomber nos défenses. L'acceptation et la souplesse sont le meilleur remède à la douleur qui vient nous crisper et à la souffrance qui est au cœur de nos vies hier, aujourd'hui et demain.

Accepter sa colère

Cette pratique est à réaliser lorsqu'on se sent en colère et qu'il n'y a aucun moyen de l'exprimer sur le moment (vous êtes en réunion, par exemple, ou en train de faire vos courses, ou toute autre situation similaire).

– Prenez conscience de vos pieds sur le sol. Vous pouvez imaginer que vos jambes sont comme des troncs d'arbre et que des racines sortent de vos pieds et s'ancrent au sol, très profondément.

– Mettez de la conscience dans votre respiration.

– Inspirez avec l'intention de faire de la place à votre colère, à l'intérieur de votre corps. Visualisez votre cage thoracique en train de gonfler : c'est toute votre colère qui prend place.

– Expirez en visualisant le trajet par les jambes, puis les pieds, puis toute la colère qui s'évacue dans les profondeurs de la terre, vient s'y amalgamer. Si vous le pouvez, accompagnez ce mouvement respiratoire de vos bras.

– Remerciez votre colère d'être là, de vous indiquer par sa présence que quelque chose vous dérange. Permettez-lui d'être pleinement là, et de circuler à travers vous.

– Faites cela le temps dont vous avez besoin pour vous sentir calme.

La colère fait souvent peur, car on l'assimile à la violence. Or, elle ne devient violence que parce qu'elle est réprimée. La laisser s'étaler dans notre corps, ressentir ses picotements, ses fourmillements, en respirant et en faisant des mouvements (marcher, accompagner la respiration avec les bras…) nous aidera à nous ancrer. La colère est une émotion qui indique une nouvelle direction à prendre, liée à une injustice ou un abus sur notre personne. Elle sert à rendre justice. L'accueillir en soi, c'est retrouver ses limites, pouvoir les poser, et oser affronter ce qui nous fait peur.

La gratitude, une émotion transcendante

La gratitude[1] est une émotion complexe, interpersonnelle, agréable, qui comprend la joie mais qui est plus vaste car elle la transcende.

Cette émotion contribue à établir des liens sincères avec ce qui nous entoure (humains, animaux, nature) sans qu'il soit question de dette. J'aime dire que la gratitude ouvre le cœur, qui s'emplit de reconnaissance pour une action gratuite que l'on arrive à remarquer et qui nous touche.

Les pouvoirs de la gratitude

La gratitude fait partie des vingt-quatre forces de caractère que décrit Martin Seligman, et aussi de la vertu de la transcendance. Les forces de la transcendance regroupent l'appréciation de la beauté et de l'excellence, la gratitude, l'espoir, l'humour et la spiritualité…

Victor Hugo dans *Les Misérables* raconte avec sa plume unique la métamorphose de Jean Valjean après que Mgr Bienvenu non seulement ne l'accuse pas d'avoir volé ses couverts en argent, mais, devant les policiers, lui donne en outre des chandeliers tout aussi précieux.

« — Ah ! vous voilà ! s'écria-t-il en regardant Jean Valjean. Je suis aise de vous voir. Eh bien, mais je vous

1. Rébecca Shankland, *Les Pouvoirs de la gratitude*, Odile Jacob, 2016.

avais donné les chandeliers aussi, qui sont en argent comme le reste et dont vous pourrez bien avoir deux cents francs. Pourquoi ne les avez-vous pas emportés avec vos couverts ?

« Jean Valjean ouvrit les yeux et regarda le vénérable évêque avec une expression qu'aucune langue humaine ne pourrait rendre. »

Ensuite, nous voyons l'ancien galérien continuer sa route, et sommes témoins de l'injustice faite à Petit Gervais, un enfant à qui il vole impunément une pièce de quarante sous. Puis, alors que le petit s'est enfui, Jean Valjean comprend ce qu'il a fait. Sa métamorphose commence : Victor Hugo décrit ensuite comment le sentiment de gratitude le transforme en profondeur.

« Il remplissait toute l'âme de ce misérable d'un rayonnement magnifique.

Jean Valjean pleura longtemps. Il pleura à chaudes larmes, il pleura à sanglots, avec plus de faiblesse qu'une femme, avec plus d'effroi qu'un enfant.

« Pendant qu'il pleurait, le jour se faisait de plus en plus dans son cerveau, un jour extraordinaire, un jour ravissant et terrible à la fois. Sa vie passée, sa première faute, sa longue expiation, son abrutissement extérieur, son endurcissement intérieur, sa mise en liberté réjouie par tant de plans de vengeance, ce qui lui était arrivé chez l'évêque, la dernière chose qu'il avait faite, ce vol de quarante sous à un enfant, crime d'autant plus lâche et d'autant plus monstrueux qu'il venait après le pardon de l'évêque, tout cela lui revint et lui apparut, clairement, mais dans une clarté qu'il n'avait jamais vue jusque-là. Il regarda sa vie, et elle lui parut horrible ; son âme, et elle lui parut affreuse. Cependant un jour doux était sur cette vie et sur cette âme. Il lui semblait qu'il voyait Satan à la lumière du paradis.

« Combien d'heures pleura-t-il ainsi ? que fit-il après avoir pleuré ? où alla-t-il ? on ne l'a jamais su. Il paraît seulement avéré que, dans cette même nuit, le voiturier qui faisait à cette époque le service de Grenoble et qui arrivait à Digne vers trois heures du matin, vit en traversant la rue de l'évêché un homme dans l'attitude de la prière, à genoux sur le pavé, dans l'ombre, devant la porte de monseigneur Bienvenu. »

L'émotion de gratitude est générée par la prise de conscience de la chance unique, imprévisible et incroyable (qu'il ne pouvait imaginer) qu'a Jean Valjean d'avoir bénéficié de l'attention particulière, généreuse et altruiste de Mgr Bienvenu. Elle contribuera fortement à la transformation des comportements et de la personnalité de Jean Valjean.

Selon Rebecca Shankland, maître de conférences en psychologie clinique et psychopathologie à l'université de Grenoble, auteure de nombreux ouvrages en psychologie positive, ressentir et exprimer de la gratitude augmente notre état de santé, notre bonne humeur, renforce les relations, diminue les comportements antisociaux, décuple la motivation et l'énergie. Avec le psychiatre Christophe André, elle a montré que cette émotion permettait d'augmenter la capacité à apprécier les expériences, à percevoir des bénéfices même en cas d'adversité, à développer, maintenir et améliorer les relations sociales[1] : en exprimant sa gratitude, on génère un sentiment d'utilité et de valeur sociale chez autrui, et de ce fait, le bien-être augmente chez les deux protagonistes.

D'autres voies éducatives et relationnelles que l'absence de reconnaissance ou la critique semblent donc non seulement possibles, mais souhaitables.

Se souvenir des gratitudes

Rappelez-vous des personnes que vous avez croisées dans votre vie et qui vous ont donné le temps, l'attention, la compétence ou autre chose dont vous aviez tant besoin à ce moment-là de votre existence. Ce peut être aussi un animal, un élément de la nature. Ce don à votre personne est allé au-delà de toute espérance que vous auriez pu avoir, et a changé votre vie, ou vous a profondément touché.

Cette amie qui a fait un long trajet pour venir vous voir à l'hôpital alors que vous venez de subir une lourde opération, ou d'apprendre que vous êtes atteint d'une maladie grave ; cet homme qui vient vous aider à porter vos courses et ouvrir votre voiture alors que vous avez votre bébé dans les bras ; cet animal qui vient poser sa patte sur votre épaule alors que vous êtes en proie à une grande tristesse et seul au monde ; ce lever de soleil qui vient vous rappeler la beauté de la nature

1. Rebecca Shankland et Christophe André, « Gratitude et bien-être social : mécanismes explicatifs des effets de la gratitude sur le bien-être individuel et collectif », *Revue québécoise de psychologie*, 2017, pp. 43-64.

et faire renaître un espoir alors que la vie est en train de vous malmener ; un repas avec vos plats préférés, que votre amoureux·se a pris soin de préparer spécialement pour votre venue, alors qu'il/elle vous sait, en ce moment, plus vulnérable que d'habitude.

Rappelez-vous des circonstances particulières qui étaient les vôtres à ce moment-là. Identifiez, de manière la plus précise possible, vos sensations physiques lorsque vous êtes en train de vous souvenir, vos émotions présentes, vos pensées quand vous vous remémorez la scène.

Accompagnez-vous par une respiration profonde, et, lorsque vous le sentirez, posez une main sur votre cœur en y envoyant toutes vos sensations, émotions et votre gratitude. Faites de même dans toutes les cellules de votre cerveau, dans tout votre corps, puis dans tout l'univers, sur toute la ligne du passé, et toute la ligne de l'avenir... à la façon de MatrixReimprinting®.

Ouvrez les yeux lorsque c'est le moment pour vous.

Buvez un grand verre d'eau (on a soif après de telles pratiques).

D'après Emmons et McCullough, psychologues aux États-Unis (respectivement université de Californie et de Miami), la gratitude est un facteur essentiel de bien-être. En 2003, ils ont réalisé une étude[1] auprès d'étudiants, qu'ils ont répartis sur trois groupes. Les membres du

1. « Counting Blessings *versus* Burdens : an Experimental Investigation of Gratitude and Subjective Well-Being in Daily Life », *Journal of Personality and Social Psychology*, vol. 84, n° 2, pp. 377-389.

premier groupe devaient écrire une fois par semaine, pendant dix semaines, cinq événements qui suscitaient en eux un sentiment de reconnaissance. Le deuxième groupe devait écrire cinq problèmes rencontrés. Le troisième groupe devait écrire cinq événements de son choix. À la fin des dix semaines, les personnes du premier groupe étaient plus optimistes, plus satisfaites de leur existence, en meilleure santé, comme si le fait de se focaliser sur le positif (et obliger le cerveau à cette focalisation qu'il ne fait pas spontanément) reprogrammait la façon dont le cerveau perçoit le quotidien.

Pour que la gratitude soit possible, il est important de développer l'orientation reconnaissante, ou OR : s'entraîner à repérer les petites choses qui ont lieu au cours de la journée et qui nous apportent satisfaction. Provoquer en soi cette ouverture avec cette intention précise favorise en soi la possibilité de voir, sentir, écouter d'une façon plus souple, moins tournée vers le négatif. Selon des recherches, les femmes auraient plus d'aptitudes à cela.

La gratitude est un excellent antidote à la banalisation et à l'habituation hédoniste, que nous évoquions dans la première partie, ainsi qu'à la difficulté à exprimer ses émotions. Ne plus considérer comme normal un effort, un petit geste, favorise les relations quelles qu'elles soient. Elles évitent la gangrène des couples (dans lesquels les femmes sont rarement complimentées pour leur travail domestique), améliorent les relations parents-enfants et atténuent le sentiment de solitude induit par le manque d'attention. Elle permet de conserver notre regard d'enfant, émerveillé, qui découvre comme pour la première fois ce qu'il a sous les yeux et qu'il ne voyait plus.

Bien évidemment, cela va à l'encontre de notre culture de la critique et aussi de nos croyances, selon lesquelles voir ce qui ne va pas fait progresser. En France, nous sommes les spécialistes pour évaluer l'intelligence à la qualité des reparties des joutes oratoires télévisées ou radiophoniques, relayées maintenant sur les réseaux sociaux, au cours desquelles nous adorons noter les points gagnants et perdants. Cela n'est ni utile, ni aidant, ni apprenant, ni facilitant pour retrouver une bonne estime de soi, d'autant que l'excès de narcissisme est un puissant inhibiteur de gratitude.

Et c'est bien sûr toxique et… fatigant !

La lettre de gratitude

Plus cet exercice vous semble difficile, plus c'est le signe qu'il vous sera utile et contribuera à changer votre vie.

Vous pouvez commencer avec une personne que vous aimez, et, si cela vous semble encore ardu, avec votre animal de compagnie, un paysage, un ancien professeur, un membre de votre famille qui a disparu mais qui a compté pour vous, un·e ancien·ne petit·e ami·e qui a su vous donner confiance en vous… Vous pouvez aussi écrire cette lettre en vous adressant à tout ce qui vous met en difficulté : ce peut être une partie de votre corps qui ne fonctionne pas correctement, votre ex-conjoint, un ami ou votre chef avec qui vous n'arrivez plus à communiquer... Au départ, vous ne saurez peut-être pas quoi dire mais gardez le cap et dites-vous que cet exercice va au contraire contribuer à l'élévation de votre bien-être, dans la mesure où il est sincère.

Dans votre lettre, soyez concret, dites ce qui vous a touché en détaillant du mieux possible, et en rappelant à la personne tout ce qu'elle a fait pour vous.

Sachez que le destinataire de votre lettre, si vous l'envoyez, sera très touché : il se sentira apprécié, utile et votre gratitude rencontrera la sienne.

À noter que vous n'êtes pas obligé de faire lire ou d'envoyer la lettre. Mais si vous le faites, c'est un acte dont vous vous souviendrez longtemps. Et encore plus si vous la lisez à son destinataire, en face à face, à haute voix.

Cet exercice est puissant, et recèle d'infinies possibilités.

Une autre façon d'exercer la gratitude est par exemple, chaque soir, de penser à une chose qui fait de vous quelqu'un de chanceux. En quoi avez-vous de la chance ? De quoi pouvez-vous remercier ? Voir cela revient à découvrir, conscientiser la lumière, même infime, qui vous indique qu'il y a toujours une sortie quelque part. Refusez de voir et vous vous condamnez à l'enfermement, doublé de son corollaire, la fatigue mentale, ressassant sans cesse votre malheur et ne voyant plus que lui. Loin de prôner la complaisance, la gratitude vous aide à trouver des forces dans cette petite lueur pour faire renaître l'espoir, et de ce fait, l'optimisme et l'énergie de la concrétisation et de la foi.

Éloge de la vulnérabilité

Le merveilleux livre de Brené Brown *Le Pouvoir de la vulnérabilité*[1] commence par un passage du célèbre discours que Theodore Roosevelt prononça en 1910 à la Sorbonne, intitulé « Le citoyen de la République », plus connu sous le nom « L'Homme dans l'arène », où il valorise l'audace, le courage et l'action.

« Ce n'est pas le critique qui compte, celui qui montre du doigt l'homme qui fait un faux pas, ou qui explique comment on aurait pu mieux faire.

« Le crédit appartient à l'homme qui lutte vaillamment dans l'arène, le visage marqué de poussière, de sueur et de sang, l'homme qui se trompe et manque souvent son but... »

« Parce qu'il n'y a pas d'effort sans erreur. Mais celui qui lutte vraiment pour accomplir, qui connaît les grands enthousiasmes et les grandes dévotions ; qui se dévoue à une grande cause... »

« Celui qui connaît, à la fin, le triomphe de l'accomplissement, et qui, au pire, s'il échoue, le fait en osant beaucoup... »

1. *Op. cit.*

Beaucoup oser

La vulnérabilité, que l'on peut parfois confondre avec une sensation de fatigue, et contrairement à ce que l'on pense généralement, n'est pas une faiblesse. Au contraire, elle est un chemin vers soi à rechercher, parce qu'elle signifie une baisse des défenses, et donc une ouverture de sa porte intime, qui favorise le lien authentique à l'autre. Elle permet l'initiative et même l'audace, car, lorsqu'on avance ainsi à découvert, on se dit qu'oser est ce qui nous reste pour pouvoir se dire, et tenter de se faire entendre. Entre alors en scène la possibilité d'une créativité qui peut être audacieuse, révélant l'indicible. La vulnérabilité, ce n'est pas connaître la victoire ou la défaite, c'est s'engager, se donner à fond, vibrer avec son cœur.

Oui, nous sommes imparfaits, et alors ?

Lutter contre cela ne génère que des constructions fausses, rigides et forcenées et renforce une vision du monde déformée qui n'a d'autre fonction que nous rendre conforme à une prétendue perfection qui nous leurre, nous aveugle, nous fait souffrir et nous fatigue. La vulnérabilité est l'exemple criant de cette prétendue imperfection : elle est en réalité ce qui nous rapproche le plus de notre vérité.

Tout le temps et surtout l'énergie que nous passons à nous en protéger nous épuisent.

La honte, cette grande source de fatigue mentale

Beaucoup de personnes sont créatives et n'osent pas montrer ce qu'elles font, car elles ont peur de la gêne, de l'humiliation, de la honte. Développer le courage à voir ce dont on est capable est un pas important vers l'acceptation de sa vulnérabilité. À cette occasion, on peut se découvrir des forces inexploitées, et s'étonner soi-même. Pour faire ce chemin vers notre vulnérabilité, il est cependant plus prudent d'aller vers des personnes de confiance, qui feront preuve d'empathie respectueuse et renforceront notre confiance.

Oser

Cet exercice vous demandera du courage. Il est important que vous osiez avec des personnes fiables, qui vous veulent du bien. L'exercice est orienté ici vers la création mais reste valable pour toute nouvelle activité.

À qui aimeriez-vous faire connaître vos peintures, écrits, photos ou vos idées ? Choisissez ceux à qui vous allez montrer vos trésors : des personnes fiables, qui ne vous jugeront pas, et qui sauront vous encourager. Si vous vous sentez suffisamment assuré, osez vous diriger vers des inconnus, et acceptez de ne pas être dans l'attente d'un avis forcément positif.

Après coup, félicitez-vous de votre courage, comme vous le feriez pour un ami cher ou un petit enfant. Encouragez-vous, pour oser encore !

Nous nous comparons sans cesse et, généralement, trouvons les autres meilleurs ou au contraire pires que nous sur certains aspects. Comment nous accepter juste tels que nous sommes et nous sentir plus apaisés ?

Par exemple, si nous pensons à la manière dont nous élevons nos enfants, la question n'est pas de savoir si on est un bon ou un mauvais parent. Cette orientation fait de l'éducation un champ de mines de la honte, affirme Brené Brown. Les vraies questions à poser à tout parent sont : « Êtes-vous motivés ? Êtes-vous attentifs ? Si la réponse est oui, prévoyez de commettre des tas d'erreurs. Votre feuille de route n'est pas d'être des parents parfaits [...]. La perfection n'existe pas et j'ai observé que ce qui rend les enfants heureux ne les prépare pas toujours à être des adultes courageux et motivés.[1] »

Lorsque nous n'ouvrons pas la porte à notre vulnérabilité, nous sommes détachés, froids, indifférents et forcément fatigués. Les personnes que l'on qualifie généralement de « fortes » (en réalité celles qui ne se laissent pas toucher émotionnellement) redoutent en général l'intimité.

La volonté d'assumer sa vulnérabilité et de l'embrasser détermine la profondeur du courage et la clarté du but : lorsque nous faisons face à des épouvantails qui parfois se réveillent en nous (peur d'avoir honte, d'être ridicule, d'entendre : « Mais pour qui te prends-tu ? »), le défi d'oser malgré tout est immense. Il prend, lui aussi, beaucoup d'énergie sur le moment, mais ensuite, nous galvanise.

1. *Op. cit.*

> Cet exercice demande d'être sincère... dans l'intimité de soi-même d'abord. Voyez si vous pourrez par la suite vous confier à un ami.
>
> Les questions suivantes peuvent être de bonnes balises :
>
> – Comment suis-je quand je suis touché affectivement ? Quelles sont mes réactions corporelles ? Mes pensées ?
>
> – Comment est-ce que je me comporte quand je me sens mal à l'aise et incertain ? La dernière fois que cela s'est passé, qu'ai-je fait ?
>
> – Suis-je prêt à prendre des risques affectifs ? Lesquels ?
>
> – Par quoi puis-je commencer ?

Outils de résilience et de vitalité mentale

La conviction de notre propre valeur se cultive en développant la conscience dans nos choix, et ce, dans une pratique quotidienne.

Lorsque l'on peut se confier à quelqu'un qui répond par de l'empathie et de la compréhension, la honte n'y survit pas. La honte est une blessure sociale, et en tant que telle, nécessite un baume social, et l'empathie est ce baume[1].

Pour se sentir capable d'aller vers quelqu'un et de se confier, d'abord se calmer. Quelques trucs dans le livre de Brown... Dire tout haut : « douleur, douleur, dou-

1. Brené Brown, *op. cit.*, p. 89.

leur, douleur. » Comme dit Brown : « Ça a l'air dingue, mais ça marche ! » Se dire : « C'est un accès de honte. Juste cela. Ça va aller. Je vais y arriver, même si je ne sais pas quoi faire. C'est juste comme ça maintenant. » On peut faire de l'EFT. On peut respirer lentement : 4 à l'inspiration, le double à l'expiration, et ce, pendant quelques minutes. On peut écouter une méditation sur l'autocompassion pour y parvenir.

L'autocompassion est la clé : quand on est capable, devant un mur de honte, de mettre de la gentillesse, de la considération, de la déférence, on est plus susceptible de rentrer en contact, de supprimer nos murs internes et de revenir au lien avec autrui (réaction 1 – SVV dans la théorie polyvagale).

Car si la honte nous fait décrocher de notre réflexion (le cortex préfrontal est comme désactivé, laissant le système limbique, émotionnel, prendre le pas et réagir sur le mode de la confrontation ou de la fuite), l'autocompassion, la respiration lente, l'EFT apaisent notre système nerveux et nous aident à revenir à une estimation plus juste de la situation. Il est alors possible de rentrer de nouveau en lien avec les autres.

Il y a le pouvoir de l'expression écrite, qui est un outil de guérison. Écrire un journal, sur lequel on peut s'adresser à un ami imaginaire, qui nous comprend, à qui l'on peut tout dire. « L'expression des émotions par écrit peut transformer également les habitudes de sommeil, l'efficacité au travail et la manière dont on se relie aux autres[1]. »

1. *Ibid.*, p. 98.

« Je suis imparfait, vulnérable et parfois effrayé, mais cela ne change rien au fait que je suis brave, digne d'amour, d'intimité et capable d'apprendre » est un mantra que chacun peut se dire quand les choses deviennent difficiles.

Le courage, la volonté sont des qualités que nous pouvons développer, que ce soit dans le domaine professionnel, amoureux, créatif, ou tout autre. Elles contribueront à l'édification de notre cathédrale d'apprentissage de la vie. C'est l'exact contraire de l'anesthésie émotionnelle qui consiste à trop se nourrir (de mauvaises nourritures, tant émotionnelles que terrestres), à tout contrôler par peur d'avoir peur.

Brown donne dix consignes pour une vie entière[1], qui signifient s'engager dans la vie avec le sentiment de sa propre valeur :

Authenticité : abandonner ce que pensent les gens.

Autocompassion : abandonner le perfectionnisme.

Résilience : abandonner l'anesthésie et l'impuissance.

Gratitude et Joie : abandonner la rareté et la peur du malheur.

Intuition et Confiance : abandonner le besoin de certitude.

Créativité : abandonner la comparaison.

Jeu et Repos : abandonner l'épuisement en tant que statut symbolique et la productivité en tant que valeur intrinsèque.

1. *Ibid.*, p. 18.

Calme et Tranquillité : abandonner l'anxiété en tant que style de vie.

Cultiver le Sens de son travail : abandonner les doutes et les « je suis censé[1] ».

Cultiver le Rire, le Chant et la Danse : laisser tomber le détachement et la maîtrise continuelle de soi.

Oui, on est totalement nu quand on est vulnérable. Oui, il nous faut supporter ce sentiment si difficile qu'on appelle l'incertitude. Et oui, on prend un énorme risque affectif en acceptant la vulnérabilité. Mais cette dernière est le terreau de l'amour, de l'intimité, de la joie, du courage, de l'empathie et de la créativité.

1. « Pas dingue », N.D.A.

13

Se rendre disponible à l'essentiel

« Si un problème peut être résolu,
si quelque chose peut être fait
à propos d'une situation,
alors il n'est pas nécessaire de s'inquiéter.
Si ce n'est pas corrigible, s'inquiéter n'aide en rien.
Il n'existe aucun avantage à s'inquiéter. »

Dalaï-lama

Souvenons-nous de la phrase de Saint-Exupéry : « L'important est invisible pour les yeux. On ne voit bien qu'avec le cœur. » Qu'est-ce que l'essentiel ? Et que signifie s'y rendre disponible ?

Dans le chemin d'une vie, on est dans ce cheminement tortueux, des choses nous dépassent et il faut quand même les accepter pour pouvoir continuer à avancer. Parfois, on veut s'arrêter alors qu'il nous faut continuer. Cela, sans aucun doute, génère de la fatigue : on lutte là où on devrait accepter.

L'altruisme, le contact simple avec la nature, l'intelligence spirituelle nous invitent à cultiver notre discernement afin de trouver en nous la force de continuer à marcher, mais peut-être autrement, à un autre rythme :

c'est là où nous pouvons développer une sensibilité subtile, en fonction du moment, par laquelle il est opportun de nous laisser guider, quand cela s'avère nécessaire.

L'altruisme

L'altruisme selon Mathieu Ricard, scientifique et moine bouddhiste, est le fait d'accorder de la valeur, de la considération à l'aspiration de soi et d'autrui à vivre le bonheur et être exempt de souffrance. C'est une disponibilité à être bienveillant à l'égard des autres. Et lorsqu'il s'agit d'une personne difficile comme un dictateur ou un criminel, cela consiste à l'empêcher de nuire, et même à pouvoir souhaiter que cette personne guérisse des raisons qui font qu'elle est devenue ce qu'elle est aujourd'hui.

En psychologie sociale, un individu isolé n'existe pas : nous nous construisons dans l'interaction, et c'est dans celle-ci que nous trouvons nos sources affectives fondamentales. Selon une étude de Wilson et Csikszentmihalyi réalisée en 2007, les adolescents altruistes risquent moins de sombrer dans la dépression ou de se suicider.

Aucune chose n'existe qu'elle-même pour elle-même, sans se relier au reste. Cela rejoint la notion d'interdépendance : chaque chose a un effet sur le tout. Notre bonheur ne peut être accompli qu'à travers et avec les autres. Et c'est pour cela que cette notion d'interdépendance est liée à la notion d'altruisme et de compassion.

L'altruisme, c'est inné mais ça s'apprend

Selon Mathieu Ricard, les enfants sont des supers coopérateurs, et ce, dès qu'ils sont à quatre pattes. Il relate dans son livre *Plaidoyer pour l'altruisme* une expérience où, à la crèche, dans 98 % des cas, si l'expérimentateur laisse tomber quelque chose, le bébé abandonne son jeu en cours et va le ramasser. À l'inverse, jeter délibérément un objet sur le sol va le plus souvent laisser l'enfant indifférent.

L'encouragement, les récompenses ne servent à rien, et seraient même contre-productifs car les petits aiment être altruistes, et faire « pour rien ».

Il raconte comment on a demandé à des enfants de huit ans d'aller visiter une personne âgée à l'hôpital, la moitié d'entre eux recevant une récompense pour cela. Deux semaines après, on les sollicite à nouveau pour la même chose : ceux qui ont reçu la récompense viennent moins, se disant : « Je ne vais pas y aller pour une boîte de crayons de couleur. »

Ainsi, si on cherche à récompenser une activité altruiste, cela change le contexte du don, et l'enfant commence à calculer. Pour autant, l'altruisme s'éduque chez les petits, d'abord par la force de l'exemple. Ainsi, les parents qui s'engagent dans des activités bénévoles, qui s'entraident avec les voisins, etc. favorisent une telle attitude chez leurs enfants.

Ensuite, on peut développer l'altruisme en favorisant la coopération au détriment de la compétition : par exemple, dans les classes, mélanger les niveaux et favoriser l'entraide et les explications par ceux qui ont des facilités pour comprendre, contribue à une atmosphère stimulante, joyeuse et studieuse, où les résultats sont meilleurs.

On peut également apprendre aux enfants, dès la maternelle, à observer leur respiration, leurs émotions, à les nommer, favorisant le développement des comportements prosociaux.

J'ai étudié longuement la théorie de l'analyse transactionnelle et, lorsque j'ai corrigé des mémoires de certification et supervisé des candidats aux examens, j'ai pu lire nombre d'expérimentations de ce style mises en place dans des écoles, des collèges, des lycées, avec toujours des résultats positifs sur l'état d'esprit des groupes-classes, les relations interpersonnelles (plus coopératives) entre les enfants et le développement de leurs compétences émotionnelles. Pour autant, ces programmes ne sont pas repris au niveau national, sous prétexte que « ce n'est pas le rôle de l'école » (c'est du moins ce que j'ai souvent entendu lorsque j'ai fait part de mon questionnement). Ce rôle se limite-t-il à l'apprentissage de compétences cognitives ? Il y a encore beaucoup de choses à faire à ce niveau pour qu'évoluent les mentalités.

Pourtant, ces apprentissages sont directement liés à un changement de fond dans notre société : si la coopération s'installe, l'altruisme, le calme et la familiarisation avec les émotions s'installeront également. Tout cela entraînera l'acquisition d'un langage émotionnel que les enfants ne peuvent pas toujours acquérir chez eux. Ce nouveau langage remplacera celui de la compétition, des insultes et des bagarres inutiles, et favorisera un autre rapport à l'autre dans la société de demain.

En entreprise, l'apprentissage de la Communication Non Violente®, par exemple auprès des médecins hospitaliers, peut aider à la mise en place d'une conscience plus grande, plus adéquate à la nécessaire coopération entre professionnels. On commence à s'en rendre compte et des formations sur ce sujet se développent. Pourquoi est-ce si important ?

Ainsi que nous l'évoquions en parlant de la théorie polyvagale, il est nécessaire, pour accéder à la réaction ventrale (celle qui favorise l'interaction sociale), de pouvoir l'apprendre car, lorsqu'on a subi un traumatisme, le système est toujours en hyperactivité avec une grande difficulté à se concentrer. Cette hyperactivité réactive le trauma, même s'il est ancien, entraîne des efforts pour *se contrôler* (puisqu'on ne sait pas *se réguler*) et cela provoque de la fatigue. Apprendre l'autorégulation permet en effet l'accès à des comportements normaux de coopération.

Bessel Van der Kolk indique qu'avoir un bon réseau de soutien est la meilleure protection contre le traumatisme. « Quand on est terrifié, rien ne calme davantage que la voix rassurante ou l'étreinte d'un proche. [...] Les traumatisés se remettent grâce aux relations humaines : avec leur famille, leurs amis [...]). Le rôle de ces liens est de leur donner une sécurité physique et émotionnelle – ne pas se sentir blâmé ou jugé. [...] Pour venir à bout du traumatisme, il faut renouer avec ses semblables. [...] Si les gens dont on recherche naturellement le soutien sont terrifiants ou rejetants, on apprend à se fermer et à ne pas écouter ses émotions. [...] Affronter seul sa terreur crée une autre série de problèmes : dissociation, désespoir, addiction, panique chronique – et des relations marquées par l'aliénation, le détachement et des explosions de rage. Les patients qui ont ces antécédents associent rarement leur traumatisme passé à leurs émotions et à leurs comportements actuels. Tout leur semble simplement ingérable[1]. »

Un nécessaire développement de notre vie intérieure

Ainsi, développer de nouvelles compétences pour apprendre à gérer ses émotions peut non seulement se faire en thérapie mais aussi dans des environnements éducatifs, associatifs, où il est possible de vivre des expériences coopératives et bienveillantes. Nous pensons trop que ces comportements sont innés, en oubliant que les traumatismes, en affectant le système nerveux, nous empêchent d'avoir naturellement les comportements émotionnels adéquats.

D'une façon générale, si nous pouvons profiter aujourd'hui de certaines de nos capacités, c'est que nous les avons apprises : lire, jouer aux échecs, de la trompette, danser, se maquiller... tout cela a nécessité un apprentissage, et donc du temps. En ce qui concerne notre vie intérieure, c'est exactement la même chose.

En respirant lentement, on active le circuit vagal (parasympathique) et on apprend petit à petit à faire

1. Bessel Van der Kolk, *Le corps n'oublie rien*, *op. cit.*

face à des sensations effrayantes. Apprendre à respirer calmement et à rester dans un état de détente physique relative, même si des souvenirs ou pensées douloureux s'invitent, sont une base essentielle sur laquelle repose le dépassement du traumatisme. On peut l'apprendre dès l'école, nous l'avons vu, mais adulte également bien sûr. Or, les personnes souffrant d'un SSPT (syndrome de stress post-traumatique) ont du mal à s'incarner dans leur corps, leur tendance étant de se fuir pour éviter tout contact avec ce qui pourrait leur rappeler ce traumatisme, de près ou de loin. La personne traumatisée a souvent peur de ce qu'elle ressent, et cette angoisse maintient corps et esprit fermés. Cette fermeture fait dépenser beaucoup d'énergie au sujet, qui tente de (se) cacher ces blessures qu'il enfouit, encore et encore, au plus profond de lui-même. C'est ainsi que des personnes sont constamment fatiguées sans comprendre pourquoi : elles ne font aucun lien entre leur épuisement et leur lutte intérieure constante, qu'elles ignorent depuis (presque) toujours.

La conscience de soi est au cœur de la guérison, c'est le chemin pour pouvoir apprivoiser ses sensations corporelles pénibles, douloureuses, qui font suite au traumatisme. Petit à petit, des activités corporelles (yoga, taï-chi, percussions) pratiquées en pleine conscience favorisent un retour à soi, vers ses sensations intérieures, aidant à repérer la nature transitoire des émotions et des perceptions, à mieux les contrôler et, de fait, à retrouver du pouvoir personnel.

Ces qualités, par la pratique et la répétition, peuvent se développer et s'optimiser.

Cela rejoint ce que nous évoquions à propos de la théorie polyvagale et de la réaction SVV (système vagal ventral), qui facilite l'interaction sociale. Tant que l'on reste traumatisé, on éprouve des difficultés à aller vers autrui de manière apaisée. Apprendre à respirer lentement, à oser s'intérioriser par le biais d'exercices corporels appropriés, en faisant l'expérience de thérapeutes, d'accompagnants bienveillants, est essentiel pour poser les bases d'une réparation personnelle durable. Une santé optimale n'est possible que si la branche ventrale du nerf vague fonctionne bien. L'altruisme est indissociable d'une véritable expérience intérieure. C'est donc un tout.

Exercice de base
pour favoriser l'interaction sociale

Cet exercice est tiré de l'excellent ouvrage *Stimuler le nerf vague pour faciliter la guérison*, de Stanley Rosenberg, paru aux éditions Trédaniel. Je l'ai appris d'une professeure de yoga dans un cours d'anatomie spécifique[1]. Par ailleurs, ce livre fourmille de bons conseils et d'exercices pratiques, je le conseille à quiconque ayant besoin de se calmer.

Le but de cet exercice est de favoriser l'interaction sociale, en accroissant notamment la mobilité du cou

1. Julie, Yoga Therapy, Movement & Anatomy. www.anatomy-yoga.co.uk ; www.yogijulie.co.uk

et de la colonne. Il favorise la circulation du sang dans le tronc cérébral, et cela peut avoir un effet positif sur la branche ventrale du nerf vague.

Avant et après l'exercice de base

Évaluez la liberté de mouvement de votre tête et votre cou. Tournez la tête à droite aussi loin que vous le pouvez sans vous faire mal. Puis ramenez-la au centre, faites une pause et tournez-la vers la gauche. Jusqu'où pouvez-vous aller de chaque côté ? Éprouvez-vous une raideur ou une douleur ? Après avoir fait l'exercice, refaites les mêmes mouvements. Y a-t-il une amélioration dans l'amplitude du mouvement ? Si cela vous faisait mal, l'exercice a-t-il réduit cette douleur ?

En général, tourner la tête à droite et à gauche est plus facile après cet exercice. Une meilleure mobilité du cou accompagne souvent une amélioration de la circulation dans le tronc cérébral, qui à son tour améliore la fonction de la branche ventrale du nerf vague.

INSTRUCTIONS

La première fois que vous effectuez l'exercice, faites-le allongé sur le dos. Quand il vous sera plus familier, vous pourrez vous asseoir sur une chaise ou vous tenir debout.

1. Confortablement étendu sur le dos, nouez les doigts des deux mains en les croisant.

2. Mettez les mains derrière la tête, en laissant votre poids reposer confortablement sur vos doigts noués. Vous devez sentir votre crâne contre vos doigts, et les os de vos doigts contre l'arrière de votre tête. Si vous

avez une épaule raide et ne pouvez mettre les deux mains à la fois derrière la tête, il suffit de n'en utiliser qu'une, en la plaçant de façon à sentir les deux côtés de l'arrière de votre tête.

3. En immobilisant la tête, regardez vers la droite. Ne bougez que les yeux, aussi loin que vous pouvez aller. Ne tournez pas la tête et continuez à regarder vers la droite.

4. Après un moment – de trente à soixante secondes –, vous déglutirez, bâillerez ou soupirerez. C'est un signe de détente du système nerveux autonome (l'expiration suit normalement l'inspiration, mais le soupir est différent : une seconde inspiration suit la première avant l'expiration). Regard vers la droite.

5. Ramenez le regard devant vous.

6. Laissez les mains en place et ne bougez pas la tête. Cette fois, tournez les yeux vers la gauche.

7. Maintenez les yeux dans cette direction jusqu'à ce que vous soupiriez, bâilliez ou déglutissiez.

Maintenant que vous avez achevé l'exercice de base, ôtez les mains et redressez-vous ou relevez-vous. Évaluez votre expérience. Y a-t-il une amélioration de la mobilité de votre cou ? Votre respiration a-t-elle changé ? Remarquez-vous autre chose ? Note : si vous avez le vertige en vous levant, c'est probablement parce que vous vous êtes détendu, et que votre tension a chuté. C'est une réaction normale. Il ne faut en général qu'une minute ou deux pour que la tension s'ajuste et pompe plus de sang dans le cerveau.

Rosenberg précise qu'il observe qu'une pensée négative peut désaligner l'axe tête-cou, et préconise ce type d'exercice autant que besoin.

L'altruisme est donc un sentiment noble, partagé par de nombreuses cultures qui pensent que l'être humain est d'abord un être social et coopératif. En 2013, aux funérailles de Nelson Mandela, Barack Obama rappelait que ce dernier avait incarné et enseigné, à travers ses actes, l'Ubuntu – qui, dans la famille des langues bantoues du sud de l'Afrique, signifie fraternité, humanité, disponibilité, et qui est intraduisible. (En 1995, la commission Vérité et Réconciliation, menée par Desmond Tutu, se donnait pour objectif de procéder à des amnisties individuelles pour les auteurs de violations des droits de l'homme[1].) Après le génocide de 1994, le Rwanda a choisi le modèle de la démocratie participative à travers l'Ubuntu.

André Twahirwa, linguiste et enseignant rwandais, écrit en 2015 dans l'IGIHE (site d'information le plus visité du Rwanda) : « Le quotidien du Rwandais est social, à commencer par les salutations avec ses très nombreuses variantes en fonction du moment de la journée mais aussi du degré de familiarité. On se donne le bonjour comme l'on se prête les outils de travail, le sel, l'eau, la nourriture… Les gros travaux se font collectivement : on va plus vite et on travaille dans la joie. La participation au mariage est

1. Source : Wikipedia.

ouverte à toutes les relations plus ou moins proches, qui se cotisent évidemment. Les enterrements sont une affaire de la cité : après le faire-part de décès par le bouche-à-oreille mais aussi et de plus en plus par la voie des ondes, les funérailles sont un événement éminemment social qui rassemble jusqu'aux personnes de passage. Et que dire du deuil, qui est porté par tous humainement (par un accompagnement de tous les jours et tout le jour) et matériellement (par une participation aux frais de chacun selon ses moyens[1]). »

Cette interdépendance humaniste que propose l'Ubuntu élargit le monde. Elle permet le dépassement de soi et de produire du bonheur autour de soi. Cela demande un travail, que la méditation peut aider à atteindre selon Mathieu Ricard. L'altruisme peut devenir une façon d'être, de penser, apportant profondeur et présence dans les relations humaines, accomplissement et sens.

Renouer avec la nature et le sens de la vie

« Les arbres sont des poèmes que la terre écrit sur le ciel », affirme Khalil Gibran. La nature a des vertus, et nous le savons au fond de nous, car nous sommes la nature, nous en faisons partie, et nous en imprégner

1. https://fr.igihe.com/l-ubuntu-et-la-democratie-participative-au-rwanda.html

nous apaise. Elle est une thérapie évidente, comme l'amour.

Être déconnectés de la nature nous épuise, car c'est en elle que nous puisons force et inspiration. Elle est une source illimitée pour notre créativité, pour retrouver notre joie de vivre, pour sentir la beauté. C'est par elle que nous sommes sur cette Terre. C'est en elle que nous retournerons après notre dernier souffle.

Lorsque je dis « nature », je pourrai remplacer ce mot également par « Terre ». La nature et la Terre sont liées par un lien métonymique : l'une appelle l'autre et *vice-versa*.

L'éco-anxiété, que nous avons évoquée dans la première partie de ce livre et qui concerne les préoccupations et l'angoisse en lien avec les effets délétères de l'industrialisation sur l'environnement naturel, se calme avec l'action et le lien social en rapport avec la nature.

L'essor du Shinrin Yoku et de l'écothérapie

Au Japon, il existe une nouvelle forme de prévention datant tout de même d'une trentaine d'années, que certains nomment « nouvelle médecine » : il s'agit du Shinrin Yoku (bain de forêt), terme inventé par le ministère de l'Agriculture en 1982 parce que les Japonais avaient besoin de retrouver la santé (voir le chapitre sur le temps dans la première partie de ce livre). Il a été traduit en français par « sylvothérapie », par Yoshifumi Miyazaki, chercheur, professeur et directeur du Centre pour les sciences de l'environnement, de la santé et de la terre à l'université de Chiba, à Tokyo, qui a écrit plusieurs ouvrages sur le sujet.

Découverte par hasard par Tomohide Akiyama, à l'époque directeur de l'Agence japonaise des forêts, cette pratique consiste tout simplement à marcher lentement à travers bois, plusieurs heures. On s'exerce également au repos dans un hamac, à la méditation au pied d'une cascade (*takigyo*), à l'enlacement des arbres, à la contemplation des étoiles, des montagnes enneigées, des fleurs, des couleurs des saisons, à l'écoute et à la contemplation de la nature qui s'offre à nos yeux… Chacun peut y trouver ce qui lui convient le mieux. S'occuper de faire pousser des fleurs sur son balcon, entretenir un bonzaï ou toute autre activité connexe relève aussi de la sylvothérapie. L'effet a été si bénéfique que le gouvernement japonais y aurait consacré environ 4 millions de dollars entre 2004 et 2012[1]. Les recherches sur les effets physiologiques et psychologiques du Shinrin Yoku se sont multipliées, accumulant une multitude de données utiles à la compréhension des effets de la nature sur le corps et l'esprit.

Le contact quotidien avec la nature (et de ce fait aussi avec les animaux, même domestiques) est vital pour nous, êtres humains. Au Japon, la forêt recouvre près des deux tiers du pays, et le nom des arbres est

---

1. https://www.vivrelejapon.com/a-savoir/comprendre-le-japon/shinrin-yoku

empreint de poésie. Ainsi, les pins sont *matsu*, qui signifie « attendant que l'âme de Dieu descende du ciel ».

Aujourd'hui, il existe une médecine préventive agréée des forêts avec des thérapeutes spécialisés. C'est le cas au Japon, où des médecins particuliers s'occupent de certains cèdres vieux de plus de deux mille ans. Ailleurs aussi, ces écothérapies se développent.

Des bienfaits démontrés

L'écothérapie produit un apaisement du corps et favorise le renforcement du système immunitaire, qui s'effondre lorsque l'on est stressé. Pour le Pr Miyazaki, nos gènes sont faits pour s'adapter à la nature, et nos fonctions physiologiques pour évoluer dans un environnement naturel. Ce n'est qu'au moment de la révolution industrielle que les villes ont pris la forme qu'elles ont aujourd'hui, grossissant de plus en plus jusqu'à accueillir plusieurs millions d'individus dans certaines mégapoles. Selon un rapport de l'ONU datant de 2014, plus de la moitié de la population mondiale vit dans les villes, ce chiffre ne faisant qu'augmenter. Cela ne pose pas de problèmes tant que des accès à des environnements naturels (parcs, jardins, bois…) sont possibles. L'enfermement dans des structures bétonnées devient délétère pour la santé si la fréquentation de ces zones est supprimée ou limitée, comme cela a été le cas pendant les confinements et la crise sanitaire liée au Covid-19.

Vivre proche de la nature, y avoir accès, la voir de sa fenêtre a une influence certaine sur la santé, c'est même une source vitale pour la santé physique et mentale.

Le concept d'écothérapie[1]

Stress
↓
Effet relaxant des forêts, des fleurs, etc.
↓
Détente physiologique
↓
Rétablissement de la fonction immunitaire → Différences individuelles
↓
Prévention des maladies physiologiques → Effet d'ajustement
↓
Diminution du poids sur les services de santé

Selon le Dr Qing Li, médecin et biologiste reconnu à l'école de médecine de Tokyo, membre fondateur de la société japonaise de sylvothérapie et auteur d'un livre sur le sujet, le Shinrin Yoku réduirait également l'arthrose ou l'insomnie. « En 2004, une étude a démarré sur le sujet. Nous avons fait séjourner en forêt pendant trois jours et deux nuits douze quinquagénaires en excellente santé et nous avons mesuré le niveau de leur système immunitaire ainsi que leur niveau de stress avant et après ce séjour. Résultat : le nombre de cellules tueuses naturelles (globules blancs) avait augmenté après le séjour. Les recherches montrent que l'inspiration des phytoncides (molécules odorantes sécrétées par les arbres pour se défendre contre les bactéries)

1. Yoshitumi Miyazaki, *Shinrin Yoku*, Trédaniel, 2018.

renforce le système immunitaire : en les inhalant, on accélère l'activité des lymphocytes (des globules blancs qui jouent un rôle important dans le système immunitaire) ou la sécrétion de la sérotonine, l'hormone du bonheur. Ce sont également ces molécules odorantes qui apaiseraient nos humeurs et favoriseraient le renforcement de notre système immunitaire. Il en va de même pour les protéines anti-cancer, qui étaient plus nombreuses et plus actives. Par ailleurs, nous avons constaté que le taux d'hormones du stress diminuait, tout comme les sentiments négatifs. Par exemple, l'inquiétude, les états de dépression, de fatigue, de colère ou de confusion étaient atténués. Alors qu'au contraire des sentiments positifs comme l'énergie et la vigueur étaient renforcés[1]. »

Les cinq sens, qui s'en trouvent revigorés, se développent.

Les huiles essentielles, les sons de la nature, le toucher de la mousse d'un arbre, tout cela fait partie de la thérapie. Bien sûr, les effets sont différents selon que vous regardiez un paysage de forêt enfermé dans votre bureau, ou que vous bénéficiiez d'un vrai « bain de nature ».

D'une façon générale, les pratiques faisant intervenir la nature sont toujours intéressantes à expérimenter et à étudier, comme le *grounding* (également nommée *earthing*), remise au goût du jour en 2013 par Clinton

1. https://www.lci.fr/sante/video-les-arbres-nous-soignent-on-a-rencontre-le-dr-qing-li-l-expert-mondial-en-sylvotherapie-livre-shinrin-yoku-l-art-et-la-science-du-bain-de-foret-2088993.html

Ober qui s'est servi de cette thérapeutique pour se soigner de diverses pathologies[1].

> Marcher pieds nus sur l'herbe fraîche
>
> Le matin, sortez tôt, quand le soleil est en train de se lever. Marchez pieds nus, quelle que soit la saison (personnellement, j'ai déjà marché sur de l'herbe givrée en hiver !). Quelques minutes suffisent pour agir sur le système nerveux. Répétée chaque jour, cette pratique régénère et aurait des effets antioxydants et anti-inflammatoires.
>
> Pratiquée en groupe, elle garantit décontraction et fous rires ainsi qu'un excellent début de journée.

Explication : notre système nerveux fonctionne avec des impulsions électriques. L'électrocardiogramme, par exemple, mesure celles du cœur. Poser les pieds sur la terre modifie plusieurs paramètres physiologiques. Cette pratique s'appuie sur la science de l'électricité et de la conductivité pour expliquer notamment l'impact positif des électrons sur le corps. Ainsi rechargé, nous remédions à l'instabilité liée à notre manque de connexion à la terre (port de chaussures, planchers surélevés, etc.), et retrouvons une meilleure stabilité psychique et physique.

1. https://blog-fatigue-chronique.fr/livre-earthing-la-plus-grande-decouverte-sante-de-tous-les-temps-clinton-ober-stephen-sinatra-et-martin-zucker/

> Marcher une demi-heure en forêt
>
> Cette fois, vous pouvez vous lever tard, cela n'a pas d'importance. Mais il est vrai que le matin, avec sa fraîcheur, ses couleurs, ses odeurs, ses bruits relatifs au réveil de la nature, est particulièrement régénérant. Marchez une demi-heure, à votre rythme. Les bienfaits sur le cerveau sont bien supérieurs à ceux d'une marche en ville. S'il n'y a pas de forêt près de chez vous, rendez-vous dans un parc ou un jardin.

La présence au monde : une porte vers la spiritualité

L'économiste Geneviève Azam[1] indique que ce don initial de la Terre aux humains implique de le recevoir en tant que don, et non en tant que dû. Nous devons rendre à la Terre ce qu'elle nous a offert afin de continuer à perpétuer la vie dans son ensemble. Considérer la Terre – ainsi que ses habitants, quels qu'ils soient – comme un être vivant, et non comme une marchandise, revient à « accepter le fait qu'il existe sur cette Terre, dans nos vies terrestres, un extérieur à l'expérience humaine, une transcendance immanente, dit-on parfois. La prise en compte de cette altérité peut passer par des formes de spiritualité – ce qui est autre chose que la religion –, par des relations singulières à ce qui nous dépasse, qui nous anime et qui nous est étranger. [...] Cette idée de "présence au monde" suppose l'existence

1. https://www.socialter.fr/article/entretien-genevieve-azam

d'une altérité dans laquelle l'humain s'inscrit et qu'il ne contrôle pas ». Il faut nous confronter aux limites, aspérités, à la matière, aux lois autres qu'humaines. « Par exemple, nous ne pouvons pas modifier la durée de vie d'une molécule de carbone dans l'atmosphère. En revanche, nous pouvons choisir comment habiter cette Terre et son atmosphère particulière. La présence, c'est donc l'attention continue aux êtres et aux choses, chère à la philosophe Simone Weil. « Refuser cette présence, c'est s'absenter du monde, c'est le survoler au lieu d'y habiter, tel un colon qui vient d'ailleurs et qui prélève[1]. »

La nouvelle tendance en écho

Regardez autour de vous et prenez un objet valorisé parce que écologique (par exemple, des cotons démaquillants bio). Si vous n'en trouvez pas, inventez-en un et faites-en la promotion dès demain au bureau et créez une mode (par exemple, apporter un bon vieux tableau noir et une craie pour éviter un gâchis de feuilles et de feutres en plastique).

Les chambres d'écho (comme disent les sociologues) que sont les réseaux sociaux peuvent contribuer à populariser de telles tendances et rendre ainsi leur présence plus légitime et souhaitable dans nos vies quotidiennes.

1. M. Jublin, Geneviève Azam : « Les destructions écologiques rompent le cycle du don », Socialter, 13 octobre 2020.

Il faut réinventer notre éthique personnelle, nous sentir concernés par l'écologie, par le respect du vivant, à notre niveau et surtout, du mieux que l'on peut. La spiritualité ouvre les perspectives en nous connectant à plus grand que nous : les forces de la nature, de la vie, le mystère de la naissance, de la mort, de l'amour… Revenir à nous-mêmes, connaître nos buts, notre « ultime ». Être en accord avec nos valeurs. L'art est par exemple une nécessité pour nous (re)connecter à notre essence propre. La sincérité, la cohérence personnelle deviennent des vertus à cultiver pour notre propre survie en tant qu'humains, bien au-delà de notre petite personne. C'est ce qu'on appelle la « transcendance ».

L'intelligence spirituelle

L'intelligence spirituelle correspond au besoin que nous avons de donner du sens aux choses et événements que nous traversons. Elle nous dote justement du sens de transcendance, nous permettant de dépasser nos objectifs matérialistes pour une vision du monde plus large, plus complexe, incluant d'autres aspects moins rationnels (signes, coïncidences…) et requérant des qualités personnelles à cultiver toute la vie (calme intérieur, connexion, équilibre personnel…). Elle est extrêmement importante dans notre vie psychique, car elle permet d'expliquer, comprendre, et par là même, faire des choix découlant de notre compréhension et de nos orientations.

Cette notion intéresse de plus en plus de monde. Pourquoi ? Pouvons-nous y trouver un nouveau remède contre la fatigue, en particulier mentale ?

L'intelligence spirituelle nous aiderait à contrebalancer notre excès de rationalité par une subjectivité bienvenue, laissant de la place à d'autres façons de penser notre existence. Elle nous amène aussi à réfléchir et poser nos valeurs, proposant une direction de vie que nous pouvons choisir, et nous guidant sur le chemin de notre destinée. L'engouement actuel pour le yoga, le qi gong, le bouddhisme, les nouvelles pratiques spirituelles laïques, comme la méditation de pleine conscience, la fréquentation accrue des monastères pour faire des retraites en solitaire, montrent bien que les gens ressentent le besoin d'une autre façon de vivre, moins tenue au matériel, plus élevée. Comme un but vital redonnant du sens. Les connexions proposées par l'intelligence spirituelle nous permettent de percevoir le quotidien comme plus magique, intéressant, remettant de l'enchantement dans une vie de plus en plus étriquée sous la double contrainte du matérialisme et du consumérisme.

Une notion plurielle

La notion d'intelligence est complexe, et l'on s'accorde aujourd'hui pour la définir plurielle : elle relève des processus mentaux permettant de s'adapter au monde dans lequel nous vivons, et de ce fait, sa définition est vaste. Jusqu'aux années 1980 environ, nous croyions à la suprématie de l'intelligence dite « cognitive » : la pensée rationnelle et son efficacité (la logique, la capacité d'abstraction par exemple) étaient au centre des préoccupations des chercheurs.

Plus récemment est apparue la notion d'intelligence spirituelle. À l'origine, le psychologue humaniste Abraham Maslow (1908-1970) et sa célèbre pyramide des besoins humains, avec à son sommet le besoin de réalisation ou encore de « transcendance ». Carl Rogers, mais aussi Carl Gustav Jung, sont avec lui les psychologues les plus connus ayant posé les bases de cette orientation de la psychologie, en intégrant des notions nouvelles : intuition, énergie, synchronicité, connexion... Maslow et d'autres chercheurs créent la psychologie transpersonnelle s'intéressant aux états non ordinaires de conscience, touchant toutes les sphères de l'activité humaine qui peuvent être inspirées par une conception sacrée du monde : économie, écologie, philosophie, etc.

Les manifestations de l'intelligence spirituelle

C'est Danah Zohar, physicienne et philosophe, qui a proposé la première le terme d'« intelligence spirituelle » à la fin des années 1990.

Danah Zohar a défini douze principes sous-jacents à l'intelligence spirituelle

La conscience de soi : conscience de ses croyances, connaissances, motivations, désirs.

Spontanéité : vivre et être réceptif au moment.

Être guidé par une vision et des valeurs : agir à partir de principes et de croyances profondes, en responsabilité.

Connexion holistique : nous connecter globalement au monde qui nous entoure, considérer le monde de façon plus large, voir la totalité.

Compassion : être empathique et en même temps accompagner l'Autre (au sens large), sa souffrance, sans se substituer.

Célébration de la diversité : valoriser les autres pour ce qu'ils sont. La conscience de la différence est source de célébration.

Indépendance sur le terrain : oser affirmer ses propres convictions.

Humilité : avoir le sentiment d'être un acteur dans un monde vaste, de sa vraie place dans le monde.

Tendance à demander fondamentalement « Pourquoi ? » : besoin de comprendre les choses et d'aller au fond des choses.

Hauteur et sens critique : se tenir en retrait d'une situation ou d'un problème et voir la situation dans son ensemble ou le contexte plus large.

Utilisation positive de l'adversité : apprendre et grandir à partir des erreurs, des revers et de la souffrance.

Sens de la vocation : se sentir appelé à servir, à rendre quelque chose.

Cindy Wigglesworth, coach spirituelle et en leadership, définit l'intelligence spirituelle comme « la capacité d'agir avec sagesse et compassion, tout en maintenant la paix intérieure et extérieure, quelles que soient les circonstances[1] ».

Elle décompose l'intelligence spirituelle[2] en vingt et une compétences (SQ21) selon un quadrant rappelant celui de Daniel Goleman[3], sur le quotient émotionnel, et propose pour la première fois de la mesurer[4].

Les quatre quadrants de l'intelligence spirituelle sont définis comme suit :

Conscience de soi	**Conscience universelle**
Conscience de sa propre vision du monde	Conscience de l'interconnexion du Tout
Conscience du sens de sa vie	Conscience de la vision du monde des autres
Conscience d'une hiérarchie de valeurs	Largeur et profondeur de la perception temporelle
Conscience de ses pensées intérieures	Conscience des limites de la perception humaine
Conscience de la différence entre Moi égotique et Moi supérieur	Conscience des lois universelles
	Expérience de transcendance/unité du Tout

1. https://fr.other.wiki/wiki/Spiritual_intelligence
2. https://www.youtube.com/watch?v=mX9adE0FSaw
3. Daniel Goleman, *L'Intelligence émotionnelle*, J'ai Lu, 1995.
4. https://www.deepchange.com/ pour passer le test en anglais, avec les analyses et le commentaire.

Maîtrise de soi	Présence spirituelle/Maîtrise sociale
Détermination à la croissance spirituelle	Capacité à être un pédagogue sage et efficient
Capacité à laisser le pilotage au Moi supérieur	Capacité à être un acteur de changement effectif
Capacité à vivre ses objectifs et ses valeurs	Capacité à prendre des décisions sages et compassionnelles
Capacité à nourrir sa spiritualité/sa foi	Aptitude à être une présence calmante et apaisante
Disposition à rechercher les directives spirituelles/la guidance du Moi supérieur	Alignement avec le flux et le reflux de la vie

L'intelligence spirituelle est donc une manifestation d'un esprit apaisé. Celui-ci permet de se connecter plus facilement à sa propre sagesse intérieure : intuition, ouverture à la beauté de ce monde, inspiration, souplesse mentale. En cultivant cet aspect de notre intelligence, nous nous dirigeons vers une vie plus riche de sens, donc plus heureuse, grâce à une conscience élargie vécue dans chaque moment. La vision d'une fleur, par exemple, deviendra une manifestation de la beauté du monde, de la vie présente dans toute chose, participant à la magie quotidienne, et non une simple marguerite poussant de façon anarchique dans notre jardin, qu'il est d'ailleurs temps de tondre pour accueillir les amis le lendemain pour le barbecue prévu.

En outre, nous nous ouvrons à la régularité des pratiques calmantes pour notre esprit et notre corps décrites dans cette partie du livre. Ceci renforçant cela.

De plus en plus d'associations se font entre le leadership et la spiritualité. Pour le moment, les choses n'en sont encore qu'à leurs balbutiements, mais la recherche dans ce domaine est en plein essor.

En France, des formations à l'intelligence spirituelle voient le jour, comme celle de l'Académie des intelligences humaines[1] ou AIH, proposant un cursus sur le sujet, ou du cabinet de formation et de conseil Prana-Méditation[2], qui associe le leadership à la philosophie et la sagesse, invitant l'entreprise à une réflexion de fond : comment s'ouvrir et rester ancré ? Comment introduire le discernement dans ses relations, ses engagements dans un univers contraignant et incertain ? Comment manager dans l'incertitude (et pouvoir piloter tout en développant une vision) ?

Pierre Moniz-Barreto, cofondateur de l'AIH, souligne que l'on vit dans une période de transmodernité, différente de celle de la postmodernité, évoquant à ce sujet le concept VUCA, acronyme de Volatility, Uncertainty, Complexity, Ambiguity (Volatilité, Incertitude, Complexité, Ambiguïté). Cette grille[3], proposée par G. James Lemoine et Nathan Benett, professeur de management au Robinson College de l'université de Géorgie, aux États-Unis, permet de distinguer chacune de ces situations.

1. https://www.academie-intelligences-humaines.com/formations
2. https://www.prana-meditation.fr/nos-accompagnements/sagesse-et-leadership/
3. https://cursus.edu/articles/28110/vuca-former-les-managers-a-lincertitude

Elle donne la possibilité de situer chacun des éléments selon le degré de connaissance de la situation et des informations disponibles, augmentant ainsi la capacité à prévoir les résultats des décisions prises.

L'axe Volatilité/Complexité permet de prévoir les résultats des actions menées, et Incertitude/Ambiguïté d'étudier comment en savoir davantage sur la situation.

Cela suppose le développement de compétences particulières :

Volatilité Capacité à exprimer une direction claire et compréhensible par tous. Ensuite, l'autonomie est laissée à chacun.	**Complexité** Capacité à trouver des solutions collaboratives selon les compétences, expériences et projections de chacun. Rien n'est acquis, la permanence n'est plus dans la direction à prendre mais davantage dans le travail mutualisé.
Incertitude Écoute plus grande, différente, des collaborateurs de l'entreprise, et capacité à développer des solutions innovantes et modifiables en fonction des fluctuations tant internes qu'externes.	**Ambiguïté** Capacité à affronter des inconnus auxquels aucun modèle existant ne permet de faire face, ce qui nécessite des hypothèses générales inventées au gré des expériences.

Apprivoiser l'incertitude

Les initiatives concernant l'intelligence spirituelle se développent, montrant le besoin de plus en plus pressant de comprendre autrement notre monde et de pouvoir s'y mouvoir avec d'autres valeurs et une vision plus large que celles utilisées jusqu'à présent.

L'incertitude, le flou sont quotidiens, et il nous faut trouver d'autres ressources afin d'y faire face de façon sereine, ou du moins s'en approcher. Ces outils doivent s'inscrire dans une maîtrise de cet art nouveau pour nous.

L'intelligence spirituelle laisse entrevoir une réalité, où quelque chose de plus grand, plus fort que nous peut faire place à l'humilité plutôt qu'au combat. L'intuition, le rêve, les synchronicités par exemple, peuvent être des guides puissants, même dans le monde du business. Cela ne vaut-il pas la peine de s'y intéresser ?

Un bon et juste équilibre entre terre et ciel, reconsidérant les vieux formatages (notamment éducatifs), les expériences négatives (à prendre plutôt comme des apprentissages qui permettent de s'élever), les peurs profondes (ce qui suppose d'accepter l'inconnu) ; permettrait de créer de subtils équilibres entre « détente et vigilance » des bouddhistes, entre « faire et non-faire[1] ».

Dans cet espace, pas de conseils ni de jugements, mais laisser advenir (et non laisser faire) et rester dans la confiance. Cela ne concerne pas que l'entreprise, mais

1. Extrait de *Le Zen en scène : le théâtre zen de Gérard Étienne*, Inexploré, automne 2016.

aussi chacun d'entre nous, dans notre quotidien. Cela suppose d'avoir relégué sa fatigue au placard et redécouvert forme et vitalité de l'esprit : dans l'épuisement, la confiance, la créativité, la connexion à l'autre et le lâcher-prise n'existent pas.

Il y a cependant des désaccords sur le nom à donner à cette intelligence : par exemple, Howard Gardner a suggéré « intelligence existentielle », le mot « spirituel » étant, pour lui, trop connoté et manquant de protocoles scientifiques prouvant son existence. Les questions spirituelles ou religieuses seraient une variété d'une intelligence existentielle, intelligence qui explore la nature de l'existence dans ses formes multiples.

De plus en plus de chercheurs, d'enseignants à l'université, surtout dans les pays anglo-saxons, s'intéressent à l'intelligence spirituelle. Son développement pourrait être utile à tous les niveaux de la société, et de plus en plus d'associations se font entre le leadership et la spiritualité, pour favoriser une meilleure conscience éthique liée au travail sur soi.

Ceux qui savent ne parlent pas,
ceux qui parlent ne savent pas.
Le sage enseigne par ses actes, non par ses paroles.
Soyez toujours comme une montagne
et coulez comme une rivière.
La meilleure façon de vivre est d'être comme l'eau.
Les choses les plus douces du monde
surmontent les choses les plus dures du monde.
Vous avez de moins en moins besoin de forcer
les choses, jusqu'à ce que vous arriviez finalement

à la non-action. Quand rien n'est fait,
rien n'est laissé de côté.
Lorsque deux adversaires se rencontrent,
celui sans ennemi triomphera sûrement.
Même un voyage de 1 000 miles
commence par une seule étape.

Lao-Tseu, philosophe chinois

Conclusion

Faire alliance avec la vie, y entrer avec délectation, profondeur et engagement, en acceptant ses ondulations et fluctuations incessantes, c'est ainsi que nous nous faisons fondamentalement du bien. Au contraire, trop nous protéger nous dévitalise, nous faisant perdre de vue l'horizon et l'opportunité de vivre une vie qui a du sens.

Le mot « joie », en chinois, s'écrit de deux façons :

- la première, avec des bouches et un instrument de musique, signifie « fête ». Il s'agit de l'hédonisme, bonheur à court terme qui vient de l'extérieur ;
- la seconde, avec un instrument à percussions, qui bat régulièrement dans un temple (qui représente le cœur), signifie la joie, la satisfaction que nous procure notre vie : c'est le bonheur eudémonique, celui qui donne du sens sur le long terme.

Trouver des personnes à qui parler, se promener dans la nature, apprivoiser son rapport à la mort, parler, faire quelque chose de concret avec l'autre, profiter de chaque jour pour entreprendre ce qui nous tient à cœur, soigner ses blessures d'âme, célébrer, donner ou apprendre à le faire, cultiver ce qui nous ravit, écrire, chanter… sont des actes pour réorienter sa vie et (re) construire son propre bonheur de vivre. Tous ces actes ont quelque chose en commun : ils s'ancrent dans le moment présent.

Pour retrouver sa vitalité, il n'est pas suffisant de juste dormir ou se reposer. Privilégier le sens de la vie, notre joie de vivre, être connecté à ce qui nous ressource, c'est l'essence même de cette énergie qui nourrit notre flamme, notre envie d'apprendre, d'aimer, de nous relier. Ainsi comblés, nous pourrons marcher bien vivants sur le chemin de l'existence et, jour après jour, égrener notre énergie renouvelée instant après instant.

Bassens, 20 mai 2021

Pour contacter l'autrice : www.isabellemetenier.com

Remerciements

Merci à Virginie François pour sa relecture attentive, bienveillante, juste et enrichissante ; à Aurélie Ouazan pour son enthousiasme et sa confiance ; à Céline Ziméro, Laurence Mourey, Nathalie Hannhart, Laurence Vivarès, Isabelle Frein, Marion Blique, Sophie Rose, Marie-Joseph Lachal pour leurs conseils et relectures bienveillantes et pertinentes ; à Catherine Laudou pour son accueil et nos éclats de rire ; à Carole Rayon pour m'avoir accompagnée et avoir rendu possible cette aventure ; à Élodie Bienvenu pour ses encouragements enthousiastes et… bienvenus.

Un merci particulier au groupe de la Régénération vivante.

Ma gratitude envers vous toutes et tous est infinie, ainsi qu'envers toutes les autres personnes que je n'ai pas citées, mais qui sont chaque jour vivantes et présentes en moi.

Table

SECONDE PARTIE
Changer (à son rythme) pour retrouver sa vitalité et la joie de vivre

Ce livre existe grâce au travail de toute une équipe.

Communication : Caroline Babulle, Sandrine Perrier-Replein, Typhaine Maison, Adélaïde Yvert.

Coordination éditoriale et administrative : Céline Poiteaux, Martine Rivierre.

Studio : Pascaline Bressan, Barbara Cassouto-Lhenry, Joël Renaudat.

Fabrication : Muriel Le Ménez, Céline Ducournau, Bernadette Cristini, Phousa Chantharath, Isabelle Goulhot, Émilie Lapan (Canada).

Correction : Emmanuelle Coppeaux, Valérie Gautheron.

Commercial, relation libraires et marketing : Laetitia Beauvillain, Alexandra Profizi, Élise Iwasinta, Morgane Rissel, Aurélie Scart, Clément Vekeman.

Cessions de droits : Isabelle Votier, Benita Edzard, Lucile Besse, Sonia Guerreiro.

Gestion : Sophie Veisseyre, Chloé Hocquet, Isabelle Déxès, Camille Douin.

Services auteurs : Viviane Ouadenni, Jean-François Rechtman, Catherine Reimbold.

Ressources humaines : Mylène Bourreau.

Juridique : Laëtitia Doré, Anaïs Rebouh, Valérie Robe, Jean-Benoît Vassogne, Julia Crosnier.

Diffusion : Aurélia Spalacci (directrice des ventes), Nadine Eugénie, Céline Pitt, Arnaud Weill, Hervé Adamczyk, Annie Bourgade, Éric Charpentier, Gilles Couillard, Sandrine Ducrocq, Élisabeth Ehlinger, Guillaume Loras, Jean-Philippe Pilloux, Philippe Maulnier, Gilles Torché, Élisabeth Gastaldo, Jean-Pierre Stephany (Belgique), Olivier Béguin (Suisse), Jean Bouchard et Marie-Ève Provost (Canada), Emmanuelle Cadot, Virginie Godet et Caroline Pan.

Ainsi qu'à toutes les équipes d'Interforum et d'Editis qui participent à la création, la diffusion et la distribution de ce livre.

Canoros Vehit Canentes

Composition et mise en pages
Nord Compo à Villeneuve-d'Ascq

MIXTE
Papier issu de sources responsables
FSC® C003309
FSC
www.fsc.org

L'éditeur de cet ouvrage s'engage dans une démarche de certification FSC® qui contribue à la préservation des forêts pour les générations futures.

Pour en savoir plus :
www.editis.com/engagement-rse/

Achevé d'imprimer en septembre 2021
par Normandie Roto Impression s.a.s.
61250 Lonrai (Orne)
Dépôt légal : septembre 2021
N° d'édition : 62085/01 – N° d'impression : 2104261
Imprimé en France